INN●VATION

全球科创中心
出 版 工 程

总主编 姜斯宪

知识三角：

加强高等教育与研究机构对创新的贡献

经济合作与发展组织 著

上海市科学学研究所 译

KNOWLEDGE TRIANGLE
SYNTHESIS REPORT:

ENHANCING THE CONTRIBUTIONS OF HIGHER EDUCATION AND RESEARCH TO INNOVATION

上海交通大学出版社
SHANGHAI JIAO TONG UNIVERSITY PRESS

内容提要

本书重点介绍知识三角作为一种政策框架,如何强化高等教育机构(HEIs)和公共研究机构/组织(PRIs/PROs)对国家、地方和全球层面创新生态系统的贡献。该知识三角是一种实用性的政策框架,侧重于大力整合高等教育系统的使命和功能,以及教育、研究、创新和社会参与。本书全面概述了知识三角框架的理论和实践基础,并根据经济合作与发展组织国家所实施的国家和机构改革的经验教训,提出了一套政策建议。

本书敦促政策制定者、高等院校和企业部门采取行动,强化高等院校、研究机构、企业和社会部门之间的协作激励机制,从而提升管理结构的包容性,为三方协作提供专项资金,并制定适当的评估指标。本书根据案例研究,提供了相关战略和政策指导意见,以整合各种机构的教育、研究和社会参与活动,从而实现"1+1＞2"的合作集成效益。本书适合政策制定者、高等院校管理者与相关企业管理者阅读。

图书在版编目(CIP)数据

知识三角:加强高等教育与研究机构对创新的贡献／
经济合作与发展组织著;上海市科学学研究所译.一上
海:上海交通大学出版社,2019
ISBN 978－7－313－19574－6

Ⅰ.①知… Ⅱ.①经… ②上… Ⅲ.①高等教育-关
系-国家创新系统-研究-中国②科学研究组织机构-关
系-国家创新系统-研究-中国 Ⅳ.①G649.2②G322.2
③F204④G322.0

中国版本图书馆 CIP 数据核字(2019)第 116475 号

知识三角:加强高等教育与研究机构对创新的贡献

著　　者:经济合作与发展组织　　　　　译　　者:上海市科学学研究所
出版发行:上海交通大学出版社　　　　　地　　址:上海市番禺路 951 号
邮政编码:200030　　　　　　　　　　　电　　话:021－64071208
印　　制:当纳利(上海)信息技术有限公司　经　　销:全国新华书店
开　　本:710 mm×1000 mm　1/16　　　印　　张:9.75
字　　数:128 千字
版　　次:2019 年 5 月第 1 版　　　　　印　　次:2019 年 5 月第 1 次印刷
书　　号:ISBN 978－7－313－19574－6/G
定　　价:48.00 元

此书最早由 OECD 以英文出版,书名为:OECD (2017), The Knowledge Triangle:Synthesis Report,Working Party on Innovation and Technology Policy,DSTI/STP/TIP(2016) 10/REV1

https://one. oecd. org/document/DSTI/STP/TIP(2016) 10/REV1/en/pdf

出版说明

本书重点介绍知识三角(KT)作为一种政策框架,如何强化高等教育机构(HEIs)和公共研究机构/组织(PRIs/PROs)对国家、地方和全球层面创新生态系统的贡献。该知识三角是一种实用性的政策框架,侧重于大力整合高等教育系统的使命和功能,以及教育、研究、创新和社会参与。本书全面概述了知识三角框架的理论和实践基础,并根据经济合作与发展组织国家所实施的国家和机构改革的经验教训,提出了一套政策建议。

在 2016 年 12 月的 OECD(经合组织)创新与技术政策(TIP)工作组会议上,与会者对本书进行了进一步讨论和评议,使其臻于完善。2017 年 CSTP(创新和技术政策委员会)对旧版本进行了呈递和销密,且根据代表所提供的评议进行了修订。本书由经合组织秘书长处负责出版发表。

致相关机构:

可登录 OLIS 获取本书的原版,索取验证码为: DSTI/STP/TIP (2016) 10/REV1

本书及其中所包含的任何地图均不影响任何领土的状态或主权,国际边界或界限的划定,以及任何领土、城市或地区的名称。关于以色列的统计数据由以色列当局提供,并属于以色列方面责任。经合组织对这些数据的使用均不影响国际法条款下的东耶路撒冷、戈兰高地和以色列在约旦河西岸定居点的状态。

致 谢

本书属于和创新与技术政策工作组(TIP)共同举行的 CTSP 知识三角活动的一部分,经合组织教育理事会也合作参与了该系列活动,分享了宝贵的信息和专业知识,并一同参与了几个项目研讨会和活动。活动涉及教育、研究和创新政策领域的一系列经合组织工作,包括创新战略 Ⅱ、经合组织国家创新评议会以及经济组织出版的、对科技政策趋势进行两年一次监测的报告——《2016 年科学、技术与创新展望报告》,以及与公共研究机构和人力资源相关的早期 TIP 和 CSTP 工作,如前研究机构和人力资源(RIHR)工作组所负责的工作。

知识三角活动由经合组织秘书处团队(Mario Cervantes、Giulia Ajmone-Marsan、Caroline Paunov 和 Richard Scott)组织,其中 Caroline Paunov 负责影响评估模块,Giulia Ajmone-Marsan 负责基于地方的政策模块,并负责撰写本书的第三章。Mario Cervantes 在 Dominique Guellec 的指导下负责项目管理,以及本书第一章和第四章初稿的撰写。Joanneum 研究组的 Wolfgang Polt 和 Maximillian Unger 负责本书第二章(关于知识三角政策框架的概念基础和实证证据及其与"三螺旋"和创业型大学等其他框架间的关系)的初稿撰写。Taran Thune(挪威)和 Wolfgang Polt(奥地利)协助秘书处制定了国家案例研究对比模板。此外,本书还提供了前两年分析工作的调查结果,包括:

- 有关高等教育知识三角生态系统的 16 个国家的案例研究由各国专家和代表开展研究,相应专家和代表姓名见本书第二章案例研究部分。

- 秘书处（经合组织，2015a）在 Wolfgang Polt、Steven Wooding、Nick Vonartas 和 Jean Guinet 等外部顾问的支持下，开展了基于知识三角视角的有关智利公共研究中心的审查报告。

- 秘书处（经合组织，2015b）在外部顾问 Daniel Kupka 的支持下，对有关加拿大教育、创业与创新政策在推进培育创新文化中的作用进行了研究。

- Mario Cervantes 和 Richard Scott 撰写的有关高等教育机构和知识三角内涵界定（经合组织，2015c）的相关内容。

- Giulia Ajmone-Marsan 撰写的有关基于地方的政策与 HEIs 关系（经合组织，2015d）的相关内容。

- Mario Cervantes 和 Richard Scott 撰写的关于推进知识三角新兴政策经验教训的相关内容（经合组织，2016a）。

- Caroline Paunov 撰写的关于 HEIs 的类型特征，以及测度科学与产业关联、高校对其所产生的影响等相关内容。

- 教育理事会高等教育专家团队成员 Deborah Roseveare、Shane Samuelson 和 Cláudia Sarrico 为相关概念的范围界定提供的重要意见，也囊括了其在所参加的指导小组会议和高阶活动上的相关观点。

- 经合组织地方经济和就业发展（LEED）项目也提供了支持，尤其是 Johnathan Potter 和 Maciej Markowski，分析了由经合组织—EU 联合推出的针对创业型大学的 HEI 创新自评工具，Andrea-Rosalinde Hofer 提供了在 HEI 创新研究背景下爱尔兰案例研究的相关信息。

- 欧盟委员会联合研究中心（JRC）为基于地方的政策模块提供的相关信息，包括有关高校对智能专业化战略所发挥作用的调查数据。在此特别感谢 JRC 的 John Edwards 以及 Fraunhofer ISI 的 Henning Kroll。

- 此前，在巴黎举行了几次指导小组会议（2015 年 10 月和 2016 年 3 月），并在里斯本举办了一次公共研究影响评估研讨会（2015 年 5 月）。

　　在项目开展过程中，TIP 知识三角指导小组成员开展了大量讨论，尤其是来自项目主导国家奥地利（Armin Mahr）和挪威（Haakon Kobbenes、Ragnar Lie、Siri Borlaug 和 Jana Weidemann）的专家和代表；同时，经合组织创新与技术政策工作组（TIP）的国家代表在出席 2015 年和 2016 年全体会议时也进行了相关讨论，这些均为项目提供了大量有效的信息资料。Fabienne Barrey、Florence Hourtouat 和 Beatrice Jeffries 为项目提供了行政和秘书支持。Kate Brooks 在高阶活动期间提供了社交媒体支持。格罗宁根大学空间科学学院的 Félix Modrego 在经合组织实习并为基于地方的政策一章提供了文献综述。几个成员国为国家案例研究编写提供了支持，并派遣专家出席研讨会和其他会议。此外，CSTP 和 TIP 代表团高级成员也出席了 9 月 15 日至 16 日的知识三角高阶活动，各国的国家科学部秘书，如挪威的 Bjørn Haugstad、西班牙的 Carmen Vela Olmo、俄罗斯联邦的 Veniamin Kaganov 以及葡萄牙部长 H. E. Manuel Heitor，与其他关键利益相关者如马来西亚首相科学顾问 Zakri A. Hamid、英国 NESTA 首席执行官 Geoff Mulgan、纽卡斯尔大学名誉教授 John Goddard 和荷兰鹿特丹伊拉斯姆斯大学执行委员会主席 Kristel Baele 等均出席了活动。OECD 秘书处非常感谢加拿大、智利和挪威为支持知识三角项目的各个模块组织工作和各种资料收集工作而提供的自愿捐款。

前　言

提升高等教育机构(HEIs)和公共研究机构(PRIs)的创新贡献,对于解决当今的社会、环境和经济问题起着至关重要的作用。HEIs 和 PRIs 通过推动教育、研究和创新/社会参与,产出新知识,培养人力资源,并促进创新和经济发展。例如,过去几十年间,政府已明显加大力度,鼓励高校强化研究和创新之间的联系。"知识三角"政策框架能够促进高等院校主要任务之间关联性的提升。如此一来,知识三角成为强化高等教育质量和关联性的一种框架体系。目前在实践中,为实现卓越研究和吸引优秀学生,高校面临着日益激烈的全球竞争,迫于压力而不得不只关注知识三角中的一个或两个领域。此外,高校的激励机制无法激发学生与企业进行研究和教育方面的交流合作。企业部门吸收能力的不足也是推进知识三角的一个关键障碍。

本书敦促政策制定者、高等院校和企业部门采取行动,强化高等院校、研究机构、企业和社会部门之间的协作激励机制,从而提升管理结构的包容性,为开展"第三使命"活动保障专项资金来源,并为高校的社会参与活动制定适当的评估指标。本书根据第二部分的案例研究,提供了各种战略和政策指导意见,以整合各种机构的教育、研究和社会参与活动,从而实现"1+1>2"的合作集成效益。关于这点,本书阐释了要实现知识三角,需主要着力于以下几个方面:

- 实现高校研究和教育议程与社会利益相关者议程的一致性,从而使知识和人才供应持续匹配市场需求和社会需要。

- 促进开展基于地方的高等教育、研究和创新政策路径,从而帮助降低地区之间的生产率差距并提升创新的包容性。
- 通过推动民间团体的广泛参与,尤其是公司、地方政府、发展机构以及公民团体,强化对区域创新系统的治理。
- 通过加强不仅是国家内部,更包括区域和国家间的网络连接机制以及多层次的治理机制,强化地方、国家和全球的知识生产和吸收能力。

知识三角政策框架的应用非常强调结合实践语境,如要为政策制定者提供指导,必须结合实践情况进一步解释。在公共政策(如资助政策)和制度激励政策(如面向研究人员)方面,可能存在冲突或需取舍的情形。要促进知识三角的创新贡献,主要政策建议如下:

专栏

实现知识三角的指导原则和建议

针对政府部门及资助机构的建议

针对高等教育和研究机构的公共资助

—— 资助和评估机制必须能够明确识别和奖励创新活动。

—— 资助政策必须能够更好地区分不同类型机构在该领域的相应使命。

—— 为"第三使命"(third mission)活动建立独立的资助来源,以有效优化机构资助模式。

—— 平衡竞争性资助和机构式资助的同时,增强对第三使命活动的关注和支持。

议程设定

—— 制定政策时,需为高校设定明确的发展目标,但机构本身在选择如何测度目标的方法路径时,一定要有相当重要的发言权。

—— 建立 HEIs 和社会之间亲密的互相合作关系,如在符合道德和利益冲突规则的前提下,将公共和私营企业合作伙伴代表纳入高校、教职工和部门委员会,同时促进高校领导加入私人企业和经济发展机构的委员会。

基于知识三角理念激发研发和创新的市场需求

—— 要使知识三角发挥有效作用,政府要改善营商环境,为企业提供研发和创新的框架条件,以使其具备与高校合作的条件。

—— 优化推动各方开展合作研究的一系列政策工具,如研发补助、商业化前采购、SBIR 计划、创新券等政策。

—— 鼓励基于知识三角理念对此类计划进行更全面的评估,以改善相关计划的设计与实施,为支持高校知识和人才发展提供更广阔的社会需求。

为更深入的产学研伙伴合作提供政府支持

—— 为促进产学研合作相关信息交汇的各类平台/在线服务机构提供政府支持,帮助企业在高校找到适当的研究创新机遇以及人才并与之建立联系,这是非常重要的。但要注意的是,这些平台无法取代人际沟通。数字平台必须采取人本界面,以方便互动沟通。进一步鼓励大学技术转移办公室(TTOs)等服务机构发展,以缩小信息鸿沟,激活信息联系。

促进各类人才流动

—— 消除学术和非学术行业间的流动障碍,促进针对具有创新技能和能力的学术人员的招聘。

—— 支持推动优秀研究人员与公共及企业之间合作联系的联合研究项目。

针对高等教育和科研机构的建议

—— 机构要更为有效地推动知识三角相关实践,更为重要的是需对高等教育管理体系进行体制改革。

—— 高等教育和研究机构如要实施体制改革，则需采取适当的激励机制，包括竞争性公共项目，拥有专项预算支撑的国家或地区战略，以及嵌入公共预算分配机制的具体举措，等等。

—— 不仅在高等教育层面，而且在中小学层面，鼓励知识三角互动。

—— 提供更多的企业、学生和研究人员一起协作和解决问题的"学习空间"。

—— 促进学生和顶级研究人员以及企业家之间的交流与合作。

—— 建立基于实践的学习计划，以使学生参与研究项目。

—— 应用数字技术为学生提供有关前沿研究和方法（如数据科学）等新洞察。

—— 消除教学和前沿研究之间的制度性障碍。

—— 实现研究人员与市民之间的互动。

—— 采取明确的研究激励机制，以鼓励参与知识三角互动。

—— 对机构层面的"第三使命"活动实施专项拨款并/或获取第三方资金流。

针对基于地方的 HEI 政策的建议

—— 在现有政策网络的基础上制定公共计划，以实现更高效的协作。

—— 优化区域生态系统，根据不同地区与利益相关者制定多样性的知识三角路径。

—— 鼓励高校加入地方经济发展委员会和理事会，也鼓励地方经济发展机构参与高校委员会。

—— 实现本地和全球层面的知识三角开放性互动，并使民间团体也参与进来。

针对企业部门的建议

—— 进一步整合企业部门与高校的互相参与力度。因高校的设备资助、讲座教授席位以及奖学金和课程设置等问题,教育支持通常裹足不前,知识三角意味着更深层次的企业参与,如支持体验式学习,使学生体验真实的工作环境。

—— 企业可将其与高校的合作关系视为制度化和合作关系建设工作的一部分。

—— 企业应努力深入理解并积极推动高校议程,而非仅仅是影响。这有助于创建双赢局面和长期合作关系。

—— 企业的经济和商业驱动行为某种程度上可与其社会责任保持一致。公私伙伴关系是企业整合社会利益及其商业利益的一种方式。

—— 全球化提升了公司与客户建立本地联系的需求,同时也包含了要与知识生态系统建立联系的需求,而 HEIs 就是其中的重要一员。

—— 加入高校委员会,以确保即使环境发生变化,已有议程依然可以得到支持。

—— 公司,作为需要依赖高校人才的一类组织,必须为正式以及非正式自发性公司员工网络的创建提供支持,与高校和信息共享的 PROs 建立协作,从而实现创新的蓬勃发展。自发性网络可成为企业和高校的资产,尤其在正式合作关系或协议已充分发挥作用的基础上。

针对测度和影响的建议

—— 高校应主动收集有关企业合作和更广泛社会合作的信息。

—— 高校应顺应其使命任务和拟议目标需求选择适当的测度指标。

—— 知识三角活动的测度指标应能够衡量真正的绩效,并避免体现资助机构本身的特征。

—— 绩效指标的涵盖范围应充分广泛,以体现机构的多样性。

—— 任何影响评估均应考虑地区发展不平衡的条件差异性。

—— 应采取案例研究证据补充高校研究收益的定量测度,以涵盖那些不产生实际收入但具有重大影响的活动。

—— 应实现指标的透明化,以使研究人员和机构能在研究基础上比较各种方法的优劣。

针对国际政策研究团体的建议

—— 政策研究和建议主要侧重于创新和研究之间的联系,而对于教育与创新或教育与研究之间的关联的建议较少,这一点需要做出变革。

—— 在制订国家和国际层面的指标时应进一步强调知识三角的三个角之间的关系。

—— 高等教育和创新政策研究团体需协作开发对政策制定者和其他利益相关者有用的共同见解和证据。

译者前言

经济合作与发展组织(OECD)在创新政策研究领域一直走在全球前列。2017 年发布的 *Knowledge Triangle: Synthesis Report*，*Working Party on Innovation and Technology Policy*（以下简称《知识三角》）重点介绍了以知识三角作为一种实用性的政策框架，强化高等教育机构和公共研究机构对创新生态系统的贡献，并推动教育、研究和创新相关政策的整合。该书系统介绍了知识三角的概念及相关理论，就知识三角如何在具体环境背景下发挥作用进行了分析和阐述，同时分享了很多 OECD 国家实践知识三角的案例，并在总结经验的基础上提出了相应的对策和建议。

他山之石，可以攻玉。当前，我国正处于实施创新驱动发展战略与创新型国家建设的重要时期，进一步明晰高校、科研机构在创新体系中的功能定位，发挥其在国家创新体系中的重要作用，既是机构主体在实践中的重要议题，也是政策研究者和制定者思考关注的重要方面。《知识三角》给我们提供了丰富的理论基础和实践案例，对于系统理解 OECD 国家相关领域的政策前沿，推进我国相关政策研究等，具有较强的参考价值。

上海市科学学研究所成立于 1980 年 1 月，是我国最早成立的地方软科学研究机构之一。我所以服务创新决策为宗旨，坚持需求导向、问题导向、应用导向，聚焦科技创新战略、公共政策和产业技术创新等领域，软硬结合、研咨一体，致力于打造专业化、平台型、有特色的高水平科技创新智库。我所一直高度重视并持续跟踪 OECD 创新战略和创新政策的研究进展，对《知识三角》一书的研究和译介，也是该方面工作的一个重要体现。

我所在 2018 年初组织力量翻译了本书，全书由常静博士负责统稿，张宇飞、芮绍炜、仇寻参与了相关章节的校译，骆大进研究员、缪其浩研究员对全书的翻译工作提供了宝贵的建议。本书能够得以顺利编译出版，得益于诸多方面的指导、帮助和关心。衷心感谢经济合作和发展组织的授权和理解，感谢 Dominique Guellec 先生和 Mario Cervantes 先生的热心帮助，促成了此书在中国大陆地区的出版。同时，衷心感谢上海市科学技术委员会的大力支持。相信该书中文版的出版，将对我们深刻理解知识三角政策框架，促进我国相关领域政策的研究，具有重要的价值和深远的意义。

由于翻译和校译人员能力有限，译稿难免存在疏漏和不足之处，敬请读者批评和指正。

上海市科学学研究所

2018 年 12 月

目　录

第一部分　理　论　探　讨

第二部分 案例分析及总结

专栏目录

第一部分

理论探讨

第❶章
政 策 要 览

1.1 通过知识三角框架强化高等教育和研究机构的贡献

> 知识三角是一种构建在不同政策框架之上的通用框架,旨在促进高等教育和研究创新体系之间的转化······

知识三角(KT)是涵盖科学、创新和高等教育政策等不同领域理论概念的一个包罗万象的政策框架,致力于推动教育、研究和创新活动与政策的整合。与该框架相关的多种已有理论,有的以参与者为关注视角而非以活动为视角,包括 Etzkowitz 和 Leydesdorf(2000)提出的"三螺旋"(政府—产业—高校)概念,这两位学者认为高校发展模式当前正在向强调研究应用和开发的创业型模式转变。"四螺旋"(政府—产业—高校—公民社会)将公民社会也纳入该体系议程设置中,进一步拓展了"三螺旋"模型。"创业型大学"模式不仅关注参与者,也关注功能方面(创业型教育与创业和商业活动,如基于高校的初创企业以及专利活动)。最后,公民和"挑战驱动型"高校是"三螺旋"模型的延伸,因为这类高校不仅在教学研究功能方面(基于项目的学习和解决问题、MOOCs 的使用),同时也在高校与当地社区的参与合作方面,试图实现高校创新重点的制度化。

……它暗示了与传统知识生产线性和顺序模式的背离

知识三角框架背后的中心理念为：从研究和高质量教育中产出新知识这一行为本身无法充分改善社会福祉和促进经济增长（Stam 等，2016）。与线性管道模型的创新相比，该框架强调的是将高等教育机构（HEIs）的不同功能联结在一起，同时将周围创新生态系统中的各种参与者（如基于地理位置和区域的维度）都纳入其中。如此一来，可在研究和教育的发展和应用过程中，识别教育和创业精神的明确作用，从而在基于地方创新发展的背景下，解决特定的社会问题，无论是城市贫困、公共健康还是当地产业需求。知识三角框架促使机制通过创业精神等实现教育和创新的关联，并通过允许产业实践专家走进高校开设讲坛等，实现创新与教育和研究的关联。由此，知识三角中的知识流就不再是单向的。企业创新可以推动基础研究，正如创新和创业的作用可以反馈到教育中。

政策制定者已理解了知识三角的内涵意义，当前更应关注的是，如何将此理念转化为更广泛的实践活动

虽然知识三角这一概念或术语在不同国家、区域和机构是不固定的，各有不同，但是它是一种非常实用和灵活的框架，被广泛应用于各地的很多高校，不仅包括欧盟的经合组织成员国家，还包括加拿大、美国、澳大利亚、智利、日本和韩国，以及非成员经济体，如中国和马来西亚。但是在许多国家，实施该知识三角实践的机构在经合组织国家成千上万的高校和研究机构中仍呈边缘化。事实上，尽管大家都雄心勃勃地表示会推动更广泛的参与，但是实际上在过去 15 年左右的时间里，高校研究的增资仅在于增加科学出版物数量，强化卓越科学的全球竞争（经合组织，2016）。

知识三角的中心是高等教育机构和公共研究机构……

高等教育机构和公共研究机构是推动知识三角的工作中心。因为近几十年来,在经合组织地区,高等教育在整个公共研究中的研发支出份额(HERD)稳步增长,而政府研发支出的份额(GOVERD)则有所下降(见图 1.1)。拨给公共研究项目的很大一部分政府资金流向了 HEIs(见图 1.2)。

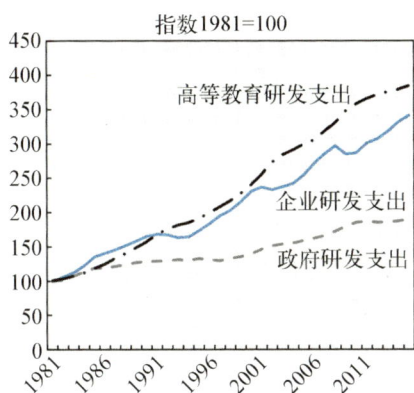

图 1.1 BERD、HERD 和 GOVERD
的变化趋势

来源:经合组织 OECD(2017),计算结果基于主
要科学技术指标数据库的计算。数据于 2017 年
8 月检索自 www.oecd.org/sti/msti.htm。

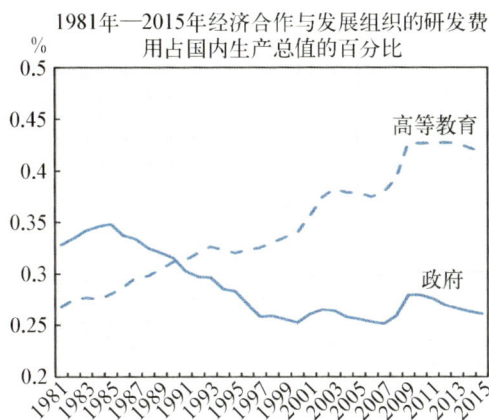

图 1.2 公共研究经费向高等院校转移

来源:经合组织 OECD(2017)核心科技指数
(MSTI)数据库,2017 年 8 月,www.oecd.org/sti/
msti.htm。

高等教育研发支出的增长也与国家内研究资源的集中性有关;仅一小部分高校负责大部分研究项目的实施(见图 1.3 和图 1.4)。在丹麦、英国甚至法国等国,由于公共研究机构与高等院校的合并,这种集中化形势进一步加剧(经合组织,2016)。这些高校在如何平衡和实施工作任务方面,通常拥有很大的自主权,这是受其规模和相对财力所影响的,即使对处于同一个国家的各个高校而言,这两种因素也会千差万别。此外,企业创新也越来越依赖于 HEIs 所建立的科学基础,这从公私合营的研究合作机构、合约性研究、对高等教育的产业资助、产业与高校的合作(见图 1.6)以及科学与专利的联系等现象的激增上可见一斑(经合组织,2016)。

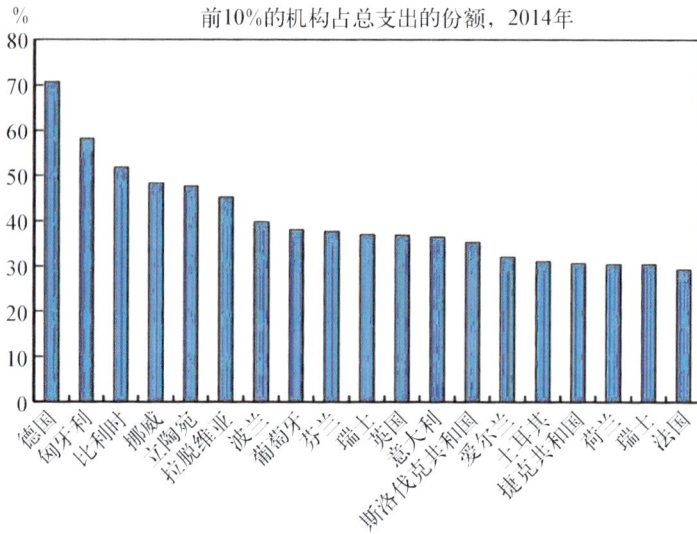

图 1.3　欧洲国家高等教育研发支出的集中化现象

备注：支出指的是有至少 10 个观察点的国家的公共机构的总支出。其中，按机构计算的当前开支总额 N＝1 412。

来源：基于 ETER 的经合组织计算结果。数据于 2017 年 8 月 9 日检索自 https://www.eter-project.com。

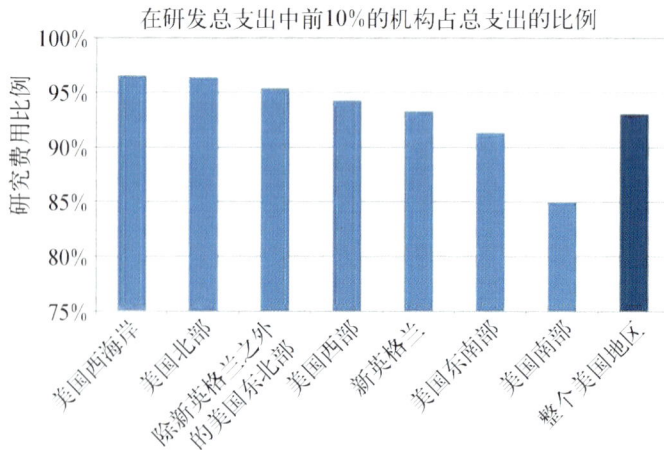

图 1.4　美国高等教育研发支出的集中化现象(2012 年)，选定区域

备注：没有美国国家科学基金会研发支出数据的机构计为零支出。支出是根据核心支出衡量的(GASB 会计基础)。N＝1 935。

来源：基于 IPEDS 的经合组织计算结果。

图1.5　产业资助的公共研究,2009年和2015年在整个高等教育和政府研发支出中的比例

备注:阿根廷、奥地利、比利时、新西兰、挪威、瑞典和南非的数据指的是2013年而非2015年。澳大利亚、加拿大、德国、法国、意大利、卢森堡公国、葡萄牙、西班牙和土耳其的数据指的是2014年而非2015年。澳大利亚2009年的数据实际为2008年的,希腊2009年的数据实际为2011年的。

来源:OECD研发数据统计库(RDS),2017年4月,欧盟统计局科技数据检索自2017年8月10日的IPP.Stat。

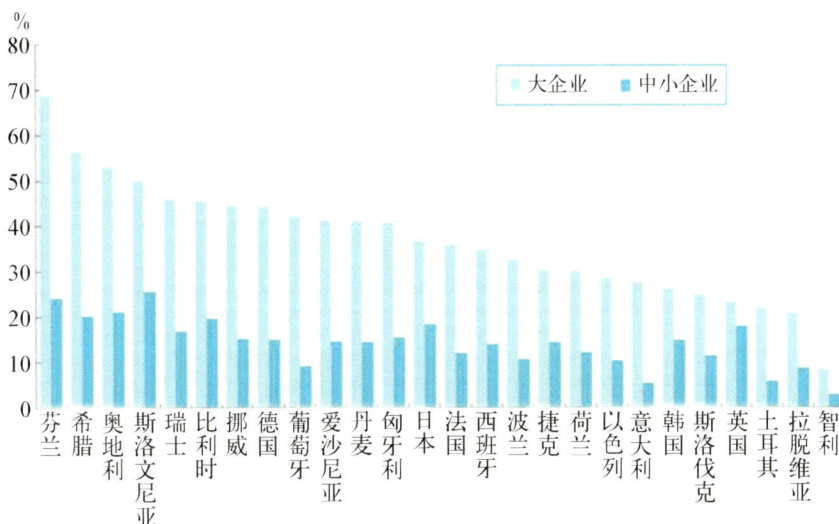

图1.6　与高等教育或研究机构协作创新的公司,根据
公司规模排列,2010年—2012年

来源:OECD科学、技术和工业记分板,2015:发展与社会创新,数据于2015年检索自 http://dx.doi.org/10.1787/sti_scoreboard-2015-en。

集中性也可以反映出与尺度和规模相关的一系列因素组合。有一些框架因素需加以重点考虑，如城市的规模分布，以及某些经济要素诸如声誉等。政策有双向作用，可以进一步推动集中性，也可以提升公平性，某些政策如基于绩效的合同、相对于教育的研究经费的增长以及与 HEIs 和 PROs 相关的产业协同等都可以发挥重要作用；此外，机构立足自身发展而出台的政策也很重要，如更加重视"明星"科研人员的招聘，以更有效地推动教育、研究和企业的深入合作。

HEIs 正进行着使其向不同方向发展的各种改革……

HEIs 在国家创新系统中的定位有路径依赖性，它与中长期的结构性经济因素存在着密切关联性（Mowery 和 Sampat，2005）。因此，高校和公共研究机构一方面具有非常显著的异质性，而另一方面却很难改变，这一点就不足为奇了。HEIs 面临的压力不仅是测量和量化它们对教育和研究的贡献，还有对用户（学生）、创新和公民社会的贡献。在某种程度上，这些外部压力迫使高校自身进行创新，并更有效地阐明其不同的职能表现，以满足利益相关者的要求，并为其繁荣发展提供可靠保证。

……导致政策和激励之间存在潜在的冲突和张力

随着高等教育、公共研究和创新等相关领域的不断改革，事实已证明，在政策和激励的方向方面可能存在冲突。在研究方面，为了科学进步而展开的全球竞争推动政府激励在研究和教学上也更加以刺激鼓励精英为价值导向，导致研究资助和高等教育政策的精英模式把高校锁定在"脱离国家、城市和地区的高校"的发展道路或模式上（Goddard，2016）。

在教育方面，专科学校向高校或者应用科学高校的转换或升级，也扩大了高等教育的竞争格局,推动院校更好地实现其自身价值,以向市场提供更有差别化的教育产品。传统意义上的高等教育政策关注的是教育对劳动力市场的成功贡献,或者是对高素质毕业生的培养。生源竞争和政府问责制的压力也使得高校注重通过评估框架促进教学的卓越。与此同时,诸如大规模在线课程等教学和技术工具也改变了教育的商业模式,并给学校的资金和学费配置带来了挑战。

在创新方面,大多数政策在过去 10 年里都集中于通过立法改革提高研究创新的贡献(例如《拜杜法案》),通过支持技术转移办公室发展或公共研究和产业之间的其他接口来优化软环境与硬件基础设施建设。此外,与公共研究的合作,无论是以科学的形式推动公共研究成果转移到产业界,还是通过公私伙伴关系等需求拉动措施,已经成为创新政策的主要导向和重点。即使是支持企业研发的政策也越来越多地瞄准公共研究与大小公司之间的合作。

高校的创业精神是促进知识吸收和传播的重要手段,而不在乎自身的繁衍

创业政策也作为一种手段,通过注重知识的应用而非其衍生绩效来提高教育对创新和社会的相关性。鼓励 HEIs 不仅要教育和培训企业家应用知识,而且要在校园中实施创业活动。例如,在挪威,所有的 HEIs 都有创业教育,无论是作为一种特殊的学习计划,还是作为一门课程嵌入其他课程中(Borlaug 等,2016)。这是一种理性的发展,因为创业是 HEIs 发展知识创新的主要渠道。俄罗斯国家研究型大学高等经济学院为不同专业的学生提供了创新的相关课程,以提高学生的创业意识和创业兴趣。

与此同时,知识三角框架认识到,研究、创新和教育政策之间既有潜在的互补性,又存在潜在的冲突。为了缓解这些冲突,国家政策制定者、资助机构和学校之间必须加大整合和对话力度。

1.2　国家政策尤其是多层次治理结构需要加强

知识三角框架假设，教育、研究和创新三角关系中每一条联系都可以通过平台和流程之间建立桥梁而得到加强(Sjoer 等，2011)。在国家层面，教育、研究和创新政策的协调非常重要。在许多国家，这种协调是通过部际理事会或通过战略文件(即创新战略文件)进行的，为共同政策行动指明方向。但是，区域政府和越来越多的市政府也需要协调。HEI 生态系统的案例研究结果表明，区域委员会的资金和管理能力对区域性参与者在转向创业生态系统的效能上有着重要的影响(E. Stam 等，2016)。

不同的资金、管理、评价和评估系统是政府政策可以测度不同类型 HEI 使命定位的一种方式。根据对高教机构的调查，Reichert(2009)发现不同欧洲国家的矛盾的政策信号与回报机制意味着不同的 HEIs 会优先选择那些最容易获得资源的方向，因而其研究方向趋向相同的领域，即使在那些有明确的政策和工具来追求多样性的国家亦是如此。

资金的孤岛模型是知识三角交互的障碍

许多国家已通过法律改革，赋予了高等教育机构更大的自主权，使机构对资助基金的内部分配、战略议程设置和机构发展有更多的控制权。与此同时，伴随而来的是体现为绩效评价和机构评估的责任。赋予 HEIs 更大自主权的必然结果是，协调和整合高校多重职能的任务落在了高校本身。

然而，各职能部门的经费资助和政策的孤岛模式并不能自动促发机构众多任务使命之间的协调推进。这完全对高校调整任务和创建不同任务之间的交互预设了过大的期望(Benner 等，2015)。这样导致了双(有时甚至是支离破碎的)治理系统的出现：制度的选择是由内部治理结构决定的(如校长、院系和部门），但其会受到外部与立法、质量保证和经费资助相关的（超）国家和区域政策的影响。

包括经费以及评估在内的实施政策必须明确表彰和奖励创新活动

此外，诸如项目资助、高校绩效合同和研究评估活动等治理机制——这些是增强 HEIs 问责制的常用工具——可能包括对知识三角的一个或另一个元素的偏向。以爱沙尼亚为例，对基于项目的竞争性资金的依赖已经不利于激励"第三使命"活动，因为需要争取竞争性资助经费的时间花费太多，以至于只剩下微乎其微的时间来参与活动。

虽然在政策目标导向上明确关注创新很重要，但在政策实施过程中，包括资助和评价相关机制，必须明确承认和奖励创新活动。事实上，为了弥补这一点，西班牙等一些国家已将开展"第三使命"活动列为绩效评价的一个明确维度。虽然在其他国家，此类目标仍是次要的。这些机制通常仍然集中在教育和研究方面，其他维度的需求并未在资助机制中得到适当反映，那么紧张局势还是可能会出现。瑞典的情况就很能说明问题。虽然政府同意将第三使命活动作为高校的明确目标，许多高校仍在努力分配资源以实现这一目标。

1.3　知识三角方法需要现代化的制度管理和领导

许多改革，如绩效合同的实施，已帮助 HEIs 提升了其战略规划能力以适应不断变化的资助环境，并在全球研究和教育市场中立足。对 HEI 生态系统的案例分析表明，采用知识三角方法不仅要在高校层面实施，而且要在更广泛的 HEI 生态系统中（即职业/技术学院、公共研究组织、集群、区域发展机构）实施，采取现代管理实践和领导能力。在一些案例研究中观察到的另一个障碍是，机构征聘和评估系统中的知识三角实践缺乏激励因素（Borlaug，B. Siri

等,2016)。

许多院校对不同职能的管理参差不齐。虽然有些院校擅长管理研究活动和从事与产业相关的研究活动,但它们不擅长与当地社区和非营利组织接触。各院校应采取更具战略意义的方法来管理其不同的资产和能力。管理多样化资产的一个例子是"地理学习空间"或"知识集群"的发展,这被定义为教育、研究和商业在同一地理环境中的共同发展。卑尔根大学周边有一个强大的商业社区,并通过在校园内与IT公司和媒体公司一起举办一些活动来共同创造,积极参与其中。学习空间和知识集群必须提供物理空间,而不仅仅是网络。学生能够在这些知识集群中参与企业合作。

调动知识三角各参与者和资源需要多元化和领导能力

高校必须支持多样化发展,这意味着要从共享管理模型向管理者转变。高校在这个过程中必须在管理和利益相关者方面做出决策。然而,要找到合适的研究、第三使命和知识转移的激励因素,制度变革和政治领导力更为必要。

1.4 基于地理位置与区域维度的知识三角政策

知识三角必须嵌入一个在本地和全球均具有开放性的地理空间

高校遍布城市、地区和国家。但是,与地区或国家的行政界限不同,高校没有边界。高校支持学生和研究人才在本地和全球市场发展。技术发展使得教育以MOOCs方式在不同地区拓展,研究通过国际数字网络和人才流动得到深度开展。以地方为基础的政策目的在于引导HEIs的活动适应当地包括创新的需要。将自主权和经济发展政策下放给机构和地区已自然而然地让机构和地区的教育、创业创新政策更加贴近世界水平,世界高等教育政策一直具有很强的区域或地方维度,即使一些引领性机构已脱离它们的环境。

尤其是在落后地区,人们期望高校能起到促进结构变革的作用。例如,法国的政策旨在增强高校对当地的影响;高校应该推动与中小企业建立伙伴关系,并积极向初创企业发放许可证。在德国,定量证据表明知识三角的发展对周边地区产生了特别大的影响。不来梅的例子就很能说明问题。研究型大学提升了学术排名,而其他应用科学高校致力于满足区域产业的需求(Daimer 和 Rothgang,2016)。中国已发展出国家级"创新示范区",如中关村、东湖和张江,以链接区域发展教育和研究。

为了做到这一点,HEIs 越来越多地将地方利益相关者吸引到高校董事会来筹集资金。然而,本书中的案例研究表明,经济发展机构可以让 HEIs 在为其提供公共服务职能、经济发展、城市规划或"智慧城市"的倡议方面做更多的工作。在荷兰的埃因霍温地区,Brainport 基金会的案例就很能说明问题。它不仅负责 HEIs,同时还联合公共研究组织、职业教育和私人组织一起促进区域发展。HEIs 在区域中的作用还取决于参与者的相对权力和动机;在政府推动的模式中,创业型大学有助于发展现有产业,并根据政府的奖励创造新的产业。在一个由行业需求推动的模式中,高校可以在产业合作中寻求机遇(Lindqvist 等,2012)。

1.5　拓展高校排名和影响评估以表彰知识三角交互

目前的知识三角交互测度关注点在研究和教育上,而不是第三使命活动

高校创新的贡献也依赖于机构和政策制定者用以激励和衡量绩效的指标。如果高校是根据学术水平的指标来评估,那么卓越研究就是回报。如果高校得到资助和评估,以促进诸如创新和当地经济发展的"第三使命"活动,那

么高校将统筹部署以实现这一目标。

获取资助经费、绩效指标和评价做法的多样性使执行和计量知识三角活动困难重重。不仅 HEI 的资金来源越来越多样化（来源于国家、区域、国际、商业和慈善机构），而且资金的属性也越来越多样化（机构补助金、基于项目的竞争性经费或基于合同的产业界经费）。这种多样性也反映在监测基金使用和影响的指标和度量中。

评估结果可作为研究机构的机构经费分配依据。而竞争的资金流经常鼓励研究成果扩散到社会，使用的指标将根据出资者的项目或报告的要求各不相同。然而，在某些情况下，知识三角活动不被囊括在评估标准中。因此，评估 HEIs 的指标是预先确定的，偏重于资金来源的目标/标准。

为了衡量更广泛的影响，减少绩效评估局限性的一种方法在于确保绩效测度系统的透明度和稳定性（经合组织，2016）。

诸如经合组织—欧盟推出的创新自我评估工具（OECD-EU HEIs Innovate）可以帮助高校基于一系列指标、指导和良好实践对创业绩效进行自我评估。土耳其的创业和创新高校指数，旨在增加高校的创新和创业活动，制定了与高校合作的指标，以此作为获得支持和合法性的手段。自 2014 年以来，在英国，20％的研究成果是基于研究卓越框架下的大学影响案例研究，该框架将研究资金分配给机构。这些是拓宽标准的一些方法。然而，评估时应确保限制评估机构和被评估机构的成本，以便实现可持续。

替代性指标，如产业下载的高校出版物，以及高校教师下载的产业出版物，成为测度知识利用的一种方式。数据可视化工具被用于确定科学和产业之间的协作模式，例如联合出版物的数量、引文以及每个学术产出的专利比率。

经济合作与发展组织的教育和技能局正在启动基准高等教育系统，该系统将在一系列活动中衡量高等教育系统的绩效，并解答绩效差异的原因之所在。

结论

知识三角发展策略需要量身定制，对于机构来讲没有万能之策

总之，知识三角的"最佳"形态可能因国家、地区和院校而异，但本书已经确定了一些国家政策、高等教育和院校的共同原则。其中一些是众所周知的，例如为院校提供奖励，资助研究人员从事第三使命和创新活动；使用适当的指标衡量知识三角的交互。由于内部领导和管理差距或政策信号和激励措施的冲突，许多机构和政府在执行方面仍然落后。正如西班牙研究和创新副部长Carmen Vela Olmo 在知识三角高级会议上所说，是时候开始采取行动了。知识三角只有在一个运转良好的创业生态系统中才能发挥作用。这意味着各部委、高等教育机构、地方和区域政府之间的多层次治理安排必须确定利益相关者各自的作用，同时使他们能够承担责任。最后，知识三角互动和网络的有效治理需要区域商业领袖的投入，并对该区域做出长期承诺。

参考文献

Bonaccorsi, A. (ed.) (2014), Knowledge, Diversity and Performance in European Higher Education: A Changing Landscape, Edward Elgar Publishing.

Borlaug, Siri, B. et. al, (2016). The Knowledge Triangle in Policy and Institutional Practices-the Case of Norway. Unpublished draft case study for the OECD working party on innovation and technology policy.

Benner, M. Vico, E. P. , and Schwaag Serger S. (2015) The Knowledge Triangle. The Swedish Case. Presentation at the TIP knowledge triangle case study leaders meeting on 15 October 2016. Unpublished document.

Bramwell, A. and D. A. Wolfe (2008), Universities and Regional Economic Development: The Entrepreneurial University of Waterloo, Research Policy, Vol. 37, pp.1175 - 1187.

Chavas, J-P et al. (2012), Analysis and Decomposition of Scope Economics: R&D at US Research Universities, Applied Economics, Vol. 44, pp.1387 - 1404.

Daimer, S. and Rothgang, M. (2016) Knowledge Triangle Policies and Practices in Germany: Case Study. Draft working document. Paris.

Daraio, C. et al. (2011), The European University Landscape: A Micro Characterization Based on Evidence from the Aquameth Project", Research Policy, Vol. 40, pp.148 - 164.

Davies, S. and Hammack, F. (2005), The Channeling of Student Competition in Higher Education: Comparing Canada and the U. S., The Journal of Higher Education, Vol. 76(1), pp.89 - 106.

Dominicis, L. , Pérez, S. E. and Fernández — Zubieta, A. (2011), European University Funding and Financial Autonomy: A Study on the Degree of Diversification of University Budget and the Share of Competitive Funding, European Union 2011.

Estermann, T. and Pruvot, E. B. (2011), Financially Sustainable Universities II_European Universities Diversifying Income Streams, Brussels: European University Association 2011. Available at http: //www. eua. be/publications/eua-reports-studies-and-occasional-papers. aspx.

Estermann, T. , T. Nokkala and M. Steinel (2011), University Autonomy in Europe II: The Scorecard, European University Association.

Etzkowitz, Henry; Leydesdorff, Loet (2000), The Dynamics of Innovation: From National Systems and "Mode 2" to a Triple Helix of University-industry-government Relations. Research Policy 29: 109 - 123.

Geuna A. , and A. Muscio (2009), The Governance of University Knowledge Transfer: A Critical Review of the Literature, Published online: 18 March 2009 Springer Science + Business Media B. V. 2009.

Geuna, A. (2015) Presentation at the CSTP/TIP Meeting on the Knowledge Triangle. Unpublished document.

Goddard, J. and J. Puukka (2008), The Engagement of Higher Education Institutions in Regional Development: An Overview of the Opportunities and Challenges, Higher Education Management and Policy, Vol. 20(2), pp.3 - 33.

Goddard, J. and P. Vallance (2013), The University and the City. Abingdon: Routledge.

Goddard, J. , Hazelkorn, E. , Kempton H. and Vallance, P. (2016) The Civic University. Elgar Publishing.

Hartl, J. , L. Lassnigg and M. Unger (2014), Higher Education Institutions and the Knowledge Triangle: Improving the Interaction between Education, Research and Innovation, Paper prepared for the OECD by the Institute for Advanced Studies, Vienna.

HEFCE (Higher Education Funding Council for England) (2009), Evaluation of the Effectiveness and Role of HEFCE/OSI Third Stream Funding, A report to HEFCE by PACEC and CBR.

Hervás Soriano, Fernando; Mulatero, Fulvio (2010) Knowledge Policy in the EU: From the Lisbon Strategy to Europe 2020. Journal of the Knowledge Economy 1: 289 - 302.

Kostić, M. and Čadil, V. (2016) Knowledge Triangle in the Czech Republic. TIP Case

Study, unpublished draft document.

Larédo, P. (2007), Revisiting the Third Mission of Universities: Toward a Renewed Categorization of University Activities? Higher Education Policy, Vol. 20, pp.441 – 456.

Latinen, A. (2012), Cracking the Credit Hour, New America Foundation and Education Sector, http: //higheredwatch. newamerica. net/sites/newamerica. net/files/policydocs/ Cracking_the_Credit_Hour_Sept5_0. pdf.

Lepori, B. (2008), Research in Non-university Higher Education Institutions. The Case of the Swiss Universities of Applied Sciences, Higher Education, Vol. 56(1), pp.45 – 58.

Lindqvist, Maria; Olsen, Lise Smed; Baltzopoulos, Apostolos (2012a) Strategies for Interaction and the Role of Higher Education Institutions in Regional Development in the Nordic Countries. Nordregio Report 2012: 2.

Maasen P. and B. Stensaker (2011), The Knowledge Triangle, European Higher Education Policy Logics and Policy Implications, Higher Education 61(6): 757 – 769.

Marginson, S. and M. Considine (2000), The Enterprise University. Power, Governance and Reinvention in Australia, Cambridge University Press.

Markkula, M. 2013. The Knowledge Triangle: Renewing the University Culture. In: Lappalainen P. and M. Markkula (Eds), The Knowledge Triangle: Reinventing the Future. SEFI — Aalto University — Universitat Politècnica de València. , p. 189.

Meissner, D. (2016) Knowledge Triangle Policies and Practices in National Research University. Higher School of Economics. Presentation to the OECD Working Party on Innovation and Technology Policy, 15 October. Unpublished document.

Mendoza, P. (2015), Industry-academia Linkages: Lessons from Empirical Studies and Recommendations for Future Inquiry, in Paulsen, M. B., Higher Education: Handbook of Theory and Research, Vol. 30, Springer.

Marginson, S. (2006), Dynamics of National and Global Competition in Higher Education, Higher Education, Vol. 52, pp.1 – 39.

Mowery, D. C and B. N. Sampat (2005), Universities in National Innovation Systems, in J. Fagerberg and D. C. Mowery (eds.), The Oxford Handbook of Innovation, Oxford University Press.

Murray, F. (2012), Evaluating the Role of Science Philanthropy in American Research Universities, NBER Working Paper, No. 18146. Available at http: //www. nber. org/ papers/w18146.

OECD (2008b), Tertiary Education for the Knowledge Society: Volumes 1 and 2, OECD Publishing, Paris.

OECD (2011), Regions and Innovation Policies, OECD Reviews of Regional Innovation, OECD Publishing.

OECD (2012), Post-Secondary Vocational Education and Training: Pathways and Partnerships, Higher Education in Regional and City Development, OECD Publishing.

OECD (2013a), Commercialising Public Research: New Trends and Strategies, OECD

Publishing, Paris. http://dx. doi. org/10. 1787/9789264193321-en.

OECD (2013*b*), Knowledge Networks and Markets, OECD Science, Technology and Industry Policy Papers, No. 7. http://dx. doi. org/10. 1787/5k44wzw9q5zv-en.

OECD (2013*c*) OECD Science, Technology and Industry Scoreboard, OECD Publishing, Paris. http://dx. doi. org/10. 1787/sti_scoreboard-2013-en.

OECD (2014*a*), Education at a Glance 2014: OECD Indicators, OECD Publishing, Paris. http://dx. doi. org/10. 1787/eag-2014-en.

OECD (2014*b*), OECD Science, Technology and Industry Outlook 2014, OECD Publishing, Paris. http://dx. doi. org/10. 1787/sti_outlook-2014-en.

OECD (2015), TIP discussion paper on place-based policies and the knowledge triangle. [DSTI/STP/TIP(2015)6].

OECD (2016), Science, Technology and Innovation Outlook 2016, OECD Publishing, Paris. DOI: http://dx. doi. org/10. 1787/sti_in_outlook-2016-en.

Oosterbeek H. , M. van Praag, and A. Ijsselstein (2010), The Impact of Entrepreneurship Education on Entrepreneurship Skills and Motivation, European Economic Review, Vol. 54, pp.442 – 454.

Paunov, C. , Scott, R. , Hugot, J. (2016, forthcoming), Categorising and Measuring the Performance of HEIs [Working Title], STI working paper series. Internal working document [DSTI/STP/TIP(2015)15/REV1].

Pirttivara, M. 2013. Case 1: ACSI — Knowledge Triangle in Action. In: Lappalainen P. and M. Markkula (Eds), The Knowledge Triangle: Reinventing the Future. SEFI — Aalto University — Universitat Politècnica de València. , p. 189.

Polt, W. and Unger M. (2016) Conceptual Discussion and Empirical Examples of the Knowledge Triangle. Paper prepared for the OECD project on the Knowledge Triangle.

Potì, B. and E. Reale (2007), Changing Allocation Models for Public Research Funding: An Empirical Exploration Based on Project Funding Data, Science and Public Policy, Vol. 34(6), pp.417 – 430.

Raunio, M. and Räsänen, P. , 2015 Presentation to the OECD Working Party on Innovation and Technology Policy, 1st Case Study Leaders meeting. Unpublished document. Paris, France, 15 October.

Rhoades, G. (1998), Managed Professionals, University of New York Press.

Robertson, J. and C. H. Bond (2001), Experiences of the Relation Between Teaching and Research: What Do Academics Value? Higher Education Research and Development, Vol. 20(1), pp.5 – 19.

Saavedra, A. R. and J. E. Saavedra, Do Colleges Cultivate Critical Thinking, Problem Solving, Writing and Interpersonal Skills? Economics of Education Review, Vol. 30, no. 6 (2011): 1516 – 26.

Salmi, J. (2007), Autonomy from the State vs. Responsiveness to Markets, Higher Education Policy, Vol. 20, pp.223 – 242.

Stam, E. , Romme, A. , Roso M. , van den Toren J. P. , and van der Starre B. T. (2016) The Knowledge Triangle in the Netherlands: An Ecosystem Approach. Case study for the OECD working party on innovation and technology policy.

Stampfer, M. (2014) The Role of Performance Contracts in the Governance of the Luxembourg Innovation System. Unpublished background paper for the OECD Review of Innovation Policy: Luxemburg.

Sjoer, E. , Norgaard, B. , Goosens, M. 2011. Implementing Tailor-made CEE in Theory and in Practice: The Knowledge Triangle as a Conceptual Tool. Paper presented at the SEFI annual conference 2011.

Thorn, K. and M. Soo (2006), Latin American Universities and the Third Mission: Trends Challenges and Policy Options, World Bank Policy Research Working Paper, No. 4002.

Thune, T. M. and P. Børing (2014), Industry PhD Schemes: Developing Innovation Competencies in Firms? Journal of the Knowledge Economy. ISSN 1868 – 7865.

Toner, P. and R. Dalitz (2012), Vocational Education and Training: The "terra incognita" of Innovation Policy, Critical Studies in Innovation, Vol. 30(4), pp.411 – 426.

Ukrainski, K. et al, (2016), Developing KT Relationships in the Framework of Extreme High Project Funding: An Example from Estonia. Case Study submitted to the Working Party on Innovation and Technology Policy. Unpublished document.

Unger, M. (2015), Multi-level Governance Models, Initiatives and the Evolving Interactions between Government and HEIs/PRI in a Comparative Perspective. Presentation to the OECD Working Party on Innovation and Technology Policy, 15 October. Unpublished document.

Van Petegen, W. 2013. Lifelong Learning Strategy Development. In: Lappalainen P. and M. Markkula (Eds), The Knowledge Triangle: Reinventing the Future. SEFI — Aalto University — Universitat Politècnica de València. , p. 189.

Williams, G. (1998) Advantages and Disadvantages of Diversified Funding in Universities, Tertiary Education and Management, Vol. 4, No.2, pp.85 – 93.

Wolfe, D. (2015) Presentation to the OECD Working Party on Innovation and Technology Policy, Unpublished document. Paris, France, 18 June.

第❷章
知识三角的概念

    本章讨论知识三角的概念。作为制定创新政策的一种框架,近年来知识三角的重要性日益提升,特别是在欧洲国家以及其他的经合组织国家。这一概念受到欢迎的原因在于其重视以全面("系统性")的视角来看待研究、教育、创新三者之间的相互联系。在本书中,我们将着重介绍这一概念的精髓,并且试图利用其他重叠性或补充性的概念进行阐释和理解,例如"第三使命""三螺旋"(或拓展性的"四螺旋")、"创业型大学或者公民大学"模型以及智能专业化。在这种背景下,我们尝试分析不同参与者在参与三角中各领域相关活动的角色、合理性以及挑战。参与者中最重要的是 HEIs、政府机构、研究与技术学会以及私营企业。

    进行概念界定后,接下来我们将分章节探讨旨在实现知识三角(无论是国家、地区还是机构层面)的各种政策、项目案例和相关数据分析。这些案例旨在补充针对经合组织项目对国家层面知识三角案例研究的证据,有一些是提供了尚未被国家案例研究纳入重点的其他信息,还有一些是未参与 OECD 项目研究的国家的情况。选择这些案例是因为它们与该知识三角概念的某一方面相匹配,因为目前只有少量的政策、项目或机构活动明确将知识三角视为一种整体性的框架。这些案例不全面也非最佳实践,而只是关注知识三角的实施维度。案例选择的主要来源为经合组织创新政策评论以及整个欧洲层面(RIO国家报告、欧洲大学协会报告)或国家层面所实施的国家或区域创新体系的最新绩效研究。这些案例将强调在知识三角背景下的政策措施、计划、行动和制度发展的结构特点，以及强调有关成果、成效或所观察到的政策内在冲突等调查结果。

2.1　概念介绍

与知识转移模型和科学研究的商业化有所不同，知识三角的概念采取一种更为系统性或类似于"管弦乐协奏"（orchestration）①的方法，通过结合（学术）研究和知识创造、教育和培训、（商业）创新这三个领域，强调知识创造和创新流程的协调。过去也开发过侧重单个参与者和维度的其他概念。

"第三使命"的概念需要对 HEIs 的使命有一个拓展性的理解，指的是它们的社会和文化关系及其提供知识转化和商业化活动的职责。近年来，第三使命已经应用于很多国家的政策及体制政策中（经合组织，2015）。

1983 年 Etzkowitz 提出的所谓"创业型大学"概念，旨在反映对高校任务和组织特点的这种新的理解，在 2008 年由 Etzkowitz 等、2015 年由 Foss 和 Gibson 等又先后对这一概念进行了进一步发展。与之不同的是，"第三使命"是高校核心职能拓展内涵的总结性表达，而"创业型大学"的概念首先强调的是高校的创业活动，主要依赖于其研究活动，其次强调的是对高校相关使命职能的全新管理范式。

"三螺旋"的概念（或拓展性的"四螺旋"，即将市民、非政府组织、消费者组织等公民社会的参与者均纳入其中）强调了对来自高等教育和商业部门的参与者与公共部门的参与者进行系统性协同的重要性，以推动创新和基于知识的增长（参见 Etzkowitz 和 Leydesdorff，2000；Leydesdorff, L. 2012；Ranga 和 Etzkowitz，2013 等）。

---

① Wallin(2006)将协调(orchestration)定义为："能够广泛调动和整合资源的能力，以为客户提供产品，同时为客户和相关网络成员创造价值。协调者根据已有的对话来考虑约束条件，更优质地进行资源分配，以更有效地创造、生成并向客户提供产品。"

　　然而必须指出知识三角概念并非旨在取代现有的概念，现有的一些概念已经被纳入政策策略和文件中，可能已经完善地嵌入国家的 STI 政策或机构的战略中。主要而言，该概念贯穿应用于整个项目，为不同国家所使用的不同政策框架提供统一的分析框架。在某些国家，知识三角也充当"伞型框架"，囊括其他所有方法。

　　知识三角的概念是这三个领域之间相互作用的功能性模型。领域间的交互渠道包括：

- 研究与教育：促进本科生和研究生在不同空间、不同行业领域，以及在基础和应用研究之间的流动，加强研究导向的教学，以提升毕业生与企业需求之间的技能匹配。

- 研究与创新：支持和强化以下有关方面的知识转移：① 公私合作模式（如集群、科技园区）；② 公共资金研究（IPR）的商业化；③ 高校针对产业领域的合同研发服务；④ 大学衍生企业和学术创业；⑤ 知识和技术转化办公室（TTO）；⑥ 孵化器；⑦ 开放性科学/开放性创新平台。

- 教育与创新：在（学术）培训项目（如产业领域的博士学位）和竞争力提升（商业计划制定、管理等）活动框架中，培育创业文化（创业精神）。

　　知识三角的概念基本上涵盖了与三螺旋概念相同的理论逻辑，即高校—产业—政府的系统化关系，反映并倡导政策范式向综合性地推动基于社会需求的技能和创新能力提升的转变。不同的是，三螺旋以"参与者"视角解读国家与地方创新系统的相互关联，而知识三角以"活动"为导向视角推动教育、研究与创新三个领域的关联。

　　知识三角相互作用的具体表现形式取决于各个国家或地方创新系统的结构。国家创新系统理念（如 Lundvall，1992；Edquist，1997）强调重点对教育、研究和创新等不同参与者在政策/战略层面以及运营层面（部门、行政机构、公共和私人中介机构及事业单位）的不同角色、责任和治理能力之间的相互作用进行系统性评估。对知识三角而言，其三个维度的措施、活动和交互作用是由国家、区域或当地参与者的功能结构所决定的。

创新生态系统理论(Jackson,2011)根据知识三角对交互作用概念化的另一种方法,作为基于网络的创新系统模型的动态扩展。除参与者之间交互的特征描述之外,该模型还考虑公共和私人基金、风险资本以及人力资本、基础设施或输出等研发和创新在创新或利润方面的输入流。

该方法的一个重要特点在于其不仅限于不同参与者之间的正式/体制性联系,还可以通过商业活动甚至非货币性商业活动,如可通过地理邻近等非正式联系获取的隐性知识、常见的专门化以及个人网络等,获取科学、研究和教育的创新资源。

开放创新的概念(Chesbrough,2003)也与知识三角的概念有很大的重叠,它指的是知识的持续连接和发展作为创新流程的基础,而非投入—产出逻辑,即从内部知识的产生到最终产品的获取。因此,它为企业的研发和创新流程提供了新的逻辑,同时需要利益相关者共同参与以下方面:

(1)对外部知识的选择和认知。

(2)对知识差距的识别。

(3)为实现外部知识整合而对系统架构(平台、实验室等)的建设。

(4)对创新流程中用户需求的预期。近年来,创新政策概念获得了大家的关注(如芬兰的开放创新平台被纳入六市项目[①]或奥地利开放创新战略[②])。虽然具有这类概念相似性,但是在没有研究参与的情况下也可开展纯粹以企业为中心的开放创新模式。因此,知识三角模型是当前最全面的方案。

从理念内涵而言,知识三角属于系统性的创新概念。正如 Markkula (2013)所述,"知识三角的概念与提升扩大投资影响的需求高度相关,这种投资主要针对教育、研究和创新的领域活动——主要路径在于促进不同领域间

① https://6aika.fi/in-english/.

② http://openinnovation.gv.at/.

系统性和持续性的交互作用。"所以,知识三角可被定义为跨越教育、研究和创新各种协作活动的参与者深度交互的行动集合。

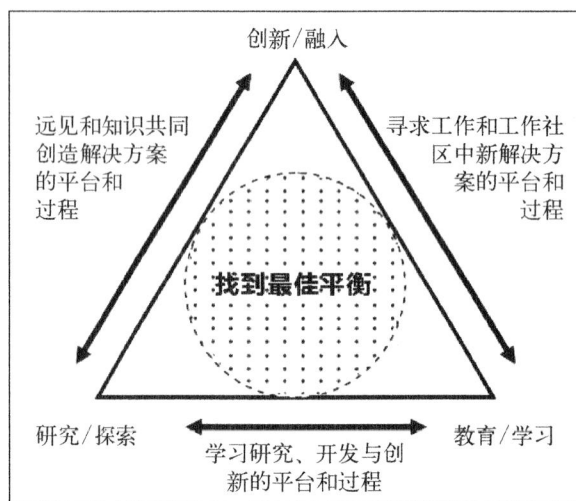

图 2.1　教育、研究和创新知识三角

来源：Sjoer 等(2011)。

接下来,我们将围绕以下主要问题介绍和探讨与知识三角概念相关的参与者、转化机制和政策范式：

- 知识三角中包含哪些类型的参与者?
- 在管理知识三角三个维度的相互关联问题时会遇到哪些挑战?
- 可能对知识三角设计产生积极或消极影响的政策有何特点?

最后,我们将介绍有关知识三角作为一种政策工具、一种经济/社会模型或一种机构指导原则等用途的一些初步结论。

2.2　知识三角的主要参与者

2.2.1　高等教育机构

高等教育机构是知识三角框架的主要骨干,首先是因为它们为知识三角的每个维度提供关键输入，其次是因为它们经常将知识三角制度性地纳入其内部组织和职能——取决于它们与教育、研究和其他有利于创新的活动相关的特定贡献组合。

如要评估 HEIs 对知识三角框架不同维度的贡献，则必须根据其开展教育和研究的使命，它们的所有权结构和机构自主权，它们从事超出研究范围的开展"第三使命"活动的权利，以及由此导致的它们在全国/区域创新系统中的作用，考虑该领域内不同类型机构的多元性。

在更广义的层面上，高等院校通常被分为：① 实施研究和研究型教学的高校；② 应用科学型高校或通常提供专业型教育（在很多情况下是针对特定领域的）以及提供应用研究（通常数量有限）的大学学院。在这方面的其他机构类型包括实施博士教育的科学院校以及服务于特定专业如护理学校、教育学院或商学院的高等教育机构，这些机构可能通常关注于特定的学历，如学士或硕士学习。在不同的国家，各类机构的重要性有所不同①。但是这种差异性不仅存在于不同类型的机构间，也存在于同一类型的机构间，如，科学和教育主题的差异，资源获取渠道的差异，组织结构和内部管理机制能力的差异，以及与其他机构、企业和协会间关联性的差异，等等。因此，在识别高等教育机构的巨大差异性后，很明显旨在改善 HEIs 在知识三角框架的参与度的政策必须足够灵活，以根据各个机构配置的特点进行调整。

与其他类型的高等教育机构相比，就本质而言，大学至少为知识三角的两个维度提供服务输入——高等教育和研究，并依据研究型教育的概念而实现这两个维度的关联。大学的作用必须反映到多个一般趋势中，这些趋势不仅影响它们的传统功能，而且可以拓宽潜在活动的范围。特别而言，这些趋势包括：

- 有关分权治理和提高机构自治性的趋势，以及向影响大学自主分配资源、制定战略目标和塑造自身研究和教育形象等方面绩效和竞争的经

---

① 见 ETER：https：//www.eter-project.com/about/eter。

费倾斜趋势。

- 不断提升的国际互联性，一方面可以实现研究活动和教育实践等方面的交流和相互学习，另一方面可以促进机构间研究人才和学生之间的竞争。
- 在最近的经费计划、创新战略和相关政策中，超出大学教育和研究范围的开展"第三使命"活动的拓展领域日益趋于规范。大学职能的这些变化，从这些职能的概念化框架（即"第三使命"和"创业型大学"的概念）中可见一斑。

在大多数国家 HEIs 自主权和责任日益上升的双重变化期间，很多国家已采取措施不断强化 HEIs 的社会和知识转移作用，并实现其正规化。例如，在瑞典，自 1997 年起，《高等教育法案》就正式承认了"第三使命"（经合组织，2015）。新兴的知识经济的重要性还要求大家对大学任务的认知有一个全新的理解。例如，Gibson 和 Foss（2015）就识别了高校的两种主要类型的"创业"活动：

- 创业教育，即促进学生和毕业生的创业精神，这是学术教育项目的一部分，例如，通过特定课程、联合实验室和平台，实现与产业或跨领域交流项目的共同创造。
- 由个体研究人员以及作为机构的大学实施的创业活动和学术创业。这类创业活动首先包括大学衍生企业和学术创业公司的创建，IPR 的生成或对合作研究的参与。其次包含对商业化的发展支持机构等，如技术转移办公室（TTO）或产业联络办公室（ILO）。

随着创业型大学的发展，尤其是向作为公共机构—企业部门—学术参与三螺旋模型建设的发展，大家逐渐开始强调大学必须将创业精神作为其基本组织原则这一理念。这包含大学的管理和组织结构能力向成为创新体系自主性和战略性参与者这一职能的转变。可以通过三个主要支柱分析高校任务和职能的这一体制性转变（Scott，2014）：

- 调节性支柱，包含法律框架、治理机制和监控。
- 规范性支柱，即根据预期、社会价值观、周围环境、规范和标准而归于大学的职责。

- 文化认知性支柱,即个体研究人员和高等教育机构的教师对创业职责模型的认可。

创业精神和创业活动逐渐成为大学责任的一部分,这一变革取决于几个体制性因素:体制自主性、经费流和管理机制,以及周围的创业生态系统情况。此外,从高校在创新系统中的作用这一系统性角度而言,外生性(自上而下)和内源性(自下而上)因素在塑造大学向创业机构的过渡方面可能存在差异(Etzkowitz等,2008)。第一类可能包含外部冲击,如2008年的经济危机,以及由此造成的重大社会挑战,整个社会迫切需要获得基于知识的可持续性解决方案,从而赋予了大学作为制定新解决方案和进行创新的合作伙伴这一关键职能。内源性因素包括机构本身的内部转型,如组织层面的,或者与战略目标或在提供服务方面实现自下而上的机构协调,如大学会议。

考虑到影响大学的各种外生性和内源性因素,很明显创业型大学的概念不可被视为一种同质模型。Bronstein和Reihlen(2014)基于各机构结构特征的荟萃分析,建立了一门有关创业型大学各种不同特征的类型学,如治理和组织模型、人力资源、金融资源、基础设施、任务和策略、位置和环境。他们识别出四种不同的大学原型:

- 研究创业型。注重知识增进和科学卓越;传统的学术组织结构(部门、教职员);高度的公共经费(基本和竞争性经费);通常拥有大量大型研究基础设施;推广性活动和产业—科学关系以及商业化活动都具有以下特征:基于学术专业化和声誉争相寻求外部经费,而这可能发生于项目、(联合)研究中心、ILO和TTO等层面。
- 技术创业型。专注于应用科学,但大部分仍获得公共经费;与周围产业具有强有力的联系,无论是机构层面还是人员层面,是知识的直接提供者;强调跨领域流动性(是结合产业、创业型教育、在职培训的量身定制的学术计划);具有高度的区域嵌入性。

- 创新创业型。专注于为商业部门提供创新服务和解决方案；拥有灵活的结构，可以适应各种市场特点；拥有高度的私人赞助性，如职业学校；拥有强调创新和创业精神的激励体制；实施包括商业服务和咨询在内的知识转移和商业化活动；通常位于大城市和集群区。

- 商业创业型。专注于特定高科技领域创新和适销产品的商业化；在合作项目和合资企业等领域与产业拥有紧密联系；创业基础设施（如业务单位、孵化器和科技园区）是核心机构设施；市场为导向的项目经费具有高度重要性；管理型治理结构；强调公共关系和市场营销。

作者对每个原型都提出了一系列 HEIs 的例子，如斯坦福大学、慕尼黑工业大学、加州大学伯克利分校和智利天主教大学为"研究创业型"大学；芬兰约恩苏大学、滑铁卢大学和汉堡大学为特征鲜明的"技术创业型"大学，同时这三个大学也是"创新创业型"大学；荷兰特温特大学、万隆理工大学和日本早稻田大学被视为"商业创业型"大学。虽然可以找到完美匹配这每个原型的例子，但是大部分大学实际上可以归类为不止一个类别，因为它们大部分具有多职能作用，这主要源于它们的发展、治理结构、环境和文化的路径依赖关系。

另一个近年来愈加重要的强调拓展 HEIs 社会职能的概念是市民（或公民）大学概念（请见 Goddard，2009；Henke 等，2015）。这个角色模型的基本前提是：HEIs 被视为公共产品的提供者，因此研究和教育输出不仅应根据数量和卓越性进行评估，还应根据其社会相关性评估。这尤其包括将知识转化为如老龄化、可持续能源生产、智能移动解决方案等社会挑战解决方案的潜力。市民导向型模式的另一个核心职能在于通过为所有社会群体提供平等受教育机会而对提升社会包容性的贡献。通常而言，HEIs 的市民参与拥有很强的基于地方的维度，重点强调其对当地环境的直接影响，这一点还将在后文"基于地方的政策"章节（第 3 章）进行进一步探讨。Hazelkom（2015）提出了针对如何沿着知识三角三条轴线，实现市民大学作为机构职能模型的预期的几个示例。

- 教育—研究轴：在课堂上利用真实研究项目使研究传知教学，学生基于大学专业知识从事研究项目以帮助解决复杂全面且相互联系的城市或地区难题。

- 教育—创新轴：学生与真实的公共或私人客户进行项目合作，将自身的专业主题技能付诸实践，并通过这类工作获得课程学分；社区参与教学过程，反之亦受惠于学生的工作。①

- 研究—创新轴：专注于解决问题，实施用途启发性研究，对人们的实际生活体验产生切实影响。

"创业型"大学和"市民"大学两个概念都要求对 HEIs 除研究和教学之外的贡献有一个拓展性的理解，同时需要进行制度方面的重新定义和组织的变更。但是这两个模型之间也存在一定的矛盾，因为创业管理主义可能与社会目标冲突，前者强调资源分配的效率，根据商业和卓越成果以及收益来分配资源，而后者在短期内往往是不可捉摸的。另一方面，创业型模式的创新和灵活结构也会对社会宣传活动和新解决方案的创造性渠道的固定化产生积极影响。

专栏 2.1

美国亚利桑那州立大学模式：
大学战略愿景中以学生为中心的方法

美国大学圈是全球最为知名的大学圈之一，哈佛大学、斯坦福大学、普林斯顿大学和麻省理工学院等机构频繁上榜全球大学排名前十。但是除以上私人资助的大学外，州资助的公立大学，如加州大学洛杉矶分校或芝加哥大学等也因其科研和教育机构的卓越声誉而名列前茅。传统而言，虽然很多机构，特别是州赠地院校也拥有通过工程和科学应用向其当地社区服务的权利，与学院和其他高等教育机构不同，美国的私立和公立大学的职能一直都是提供基

---

① 这方面的一个例子就是芬兰的"开放式创新平台模型"，其中 IT 解决方案的实际执行方包括学生、公司或者大学，该平台模型旨在吸引公司和学生参与位于坦佩雷技术大学的合作项目。

于研究的高等教育的研究机构。

　　大学之间针对研究人才和学生的高层次竞争被视为推动机构不断追求卓越和崇高声誉的核心原则和主要成功因素。很多大学强调竞争以及私人基金会及其与大学间的联系也被视为对机构以及个体研究人员和学生创业精神的培养提供了支持。同时，随着国家卫生研究所和美国国家科学基金会在 20 世纪中期的成立运营，以及阿波罗计划或盔甲计划等大型政府项目计划的实施，大量公共资金向之前主要依靠学费资金的学术领域开放（请见 Mazzucato，M.，2013；Cole，J. R.，2016）。1980 年的《拜杜法案》是推动高等教育机构技术转化的又一个关键因素。由此，很多突破性的创新公司以及诺贝尔奖获得者从这个体系中喷涌而出，尤其是在 20 世纪。

　　然而，当今美国的学术领域面临着各种挑战，这源于对高等教育的需求提升趋势和由此导致的问题，如高昂学费造成的学生债务，以及美国很多州对其大学的高等教育预算的紧缩。这些形势促使美国大学，尤其是公立大学，通过将对高质量的需求与将研究成果和知识向创新和公共福利领域回馈的包容性高等教育（也被称为"新美国大学"的行为榜样）进行结合，重塑自我。

　　亚利桑那大学（ASU）通常被称为大学整个机构实施自我引导式的战略性重新定义流程的行为榜样。这一流程始于 21 世纪初，催生了"学术平台"模型，作为对高等教育机构的全新理解成果，包含三个基本的设计成分：

　　（1）正如标准模式一样，致力于科学发现和知识生产，连接教育学与研究。

　　（2）向来自高度多样化的人口和社会经济背景的学生广泛开放。

　　（3）致力于通过预测招生需求和国家需求最大限度地提高社会影响力。

　　这些设计成分也体现在 ASU 的使命宣言中，其中提出了八项行动呼吁：① 利用高校平台；② 帮助学生成功；③ 改变社会；④ 融合学科；⑤ 重视创业精神；⑥ 融入社会；⑦ 实施用途启发性研究；⑧ 实现全球参与。

　　为完成这些目标，亚利桑那大学已采取了几大步骤。其中最突出的是创建新的跨学科研究机构和学院，如将分子研究和生物医学结合在一起的生物设计研究所,融合天文学和地质学的勘探学院,以及涵盖数学、流行病学、人类学、政治科学和地理学等学科的人类进化和社会变革学院。目的是通过消除常见的教育学科和领域之间的壁垒,提高研究成果和教育的社会影响。

其他措施包括努力减轻学生的经济负担,如增加助学金和奖学金,以及与企业合作,为学生提供校内勤工俭学的机会。此外,该大学还建立或拓展了新的学习工具,如在线课程或基于项目的学习举措,使学生可以通过团队驱动的项目解决所需的通识教育课程问题。另外,还与菲尼克斯市合作,在菲尼克斯市中心建设了一所新校园,以增强 ASU 与当地的连通性。

另外还通过详细的报告监控行动方面的进展,这些报告提供了有关学生优秀成绩、研究和创新成果、社会协作、国家和国际排名成绩等几个维度的信息和指标。一个经常被提及的 ASU 重组流程成果为 2003 年至 2012 年间获得大规模的新增联邦公共研究补助金,新增率达到 162%。

但是 ASU 的实际发展成功与否还是受到了一定的质疑。其中一派认为组织变革的实际程度有限,因为仅有少部分院系被实际废除,新的跨学科院系也是建立在已有结构的基础之上。此外,如何衡量研究是否成功也是多元的。尽管科学出版物的数量大大增加,高水平杂志的引用比例仍然停滞不前。这在另一方面被视为更关注影响和成果的跨学科研究的一个固有弊端,它无法轻松融入传统的出版物领域,因此是一个大问题。而支持 ASU 并视其为成功典范的另一方认为,ASU 同时成功地解决了两个方面的问题:其一是其教育能力问题——2002 年至 2014 年间招生数量翻了一番;其二是其研究实施量问题,在 2002 年至 2014 年间提升了 3.5%。总之,ASU 提供了高校如何启动可推动知识三角三个维度积极发展的重组流程的范例,虽然此处的知识三角概念并非明确作为一个指导原则。

来源:Crow, M. M.; Dabars, W. B.(2015);Fischman, J.(2014);ASU(2016):https://newamericanuniversity.asu.edu/about/design-aspirations;下载:2016 年 11 月 16 日。

公共研究机构(PRIs)在知识三角中的作用

除大学外，在很多国家，公共研究机构(PRIs)也充当着公共部门研究的另一个支柱。在过去几十年间，很多经合组织国家的机构内部支出份额一直在不断下降(经合组织，2011)。这是由多种原因导致的，如政府经费从 PRIs 向HEIs 的转变，以及公共研究机构通过和 HEIs 的合并而实施的重组(如，近年来的法国或丹麦)。但是它们作为具有独特卖点的专业性研究提供者，仍然是某些国家创新系统中的关键参与者，如，提供与商业部门密切关联的服务，在某些科学领域是高度专业化的利基市场竞争者，或者实施长期战略性研究项目(如空间项目)。由于经合组织国家的机构类型繁复多样，所以在对 PRIs 进行有限的分类时要特别小心。经合组织创新政策平台为 PRIs 的"理想"类型提供了一个非常实用而广泛的表征(见表 2.1)。

表 2.1 公共研究机构(PRI)的类型学

类 型	特 征	方 向 定 位
使命导向型中心 (MOC)	由国家或地方层面政府机构或部门所有或间或运营，如 NASA	在确定的专题领域实施公共研究，支持公共决策
公共研究中心和委员会 (PRC)	拥有重大公共研发经费份额的多学科大型组织，如 Max - Planck - Gesellschaft	执行(有时资助)一些领域的公共科研和/或应用研究
研究技术机构 (RTO)	通常在半公开领域(虽然其中某些为政府所有)；私有化、非营利性，也被称为工业研究所，如 Fraunhofer Gesellschaft，TNO	公共部门研究和私人创新之间的联系纽带，将知识向商业部门和社会转移
独立研究机构 (IRI)	半公开性，根据不同法律形式和所有权结构所制定的(如由 HEIs 运营)；通常是暂时的，处于公共和私营部门研究之间的边界，如 COMET 中心	执行关注问题或疑问的基础研究和应用研究，主要作为公共和私营部门机构之间的共同活动

来源：Polt 和 Unger(2016)，摘自经合组织创新政策平台 http://www.经合组织.org/innovation/policyplatform/48136051.pdf；下载：2016 年 9 月 6 日。

这种广泛的类型学也表明了 PRIs 被视为知识三角中重要参与者的原因：首先，根据其提供应用研究的特定职能，它们可以作为公共学术和私营部门之间的交叉点；其次，它们为研究人员提供了一种特定的既非完全学术又非典型市场导向的职业机遇。表 2.1 采取一种所有权视角对不同类型的 PRIs 进行分类，而表 2.2 采取更加职能性的视角，同时通过研究人员的流动性等强调沿着知识三角维度轴的 PRIs 可能参与的领域的几种传输渠道，尤其是在研究和创新之间，也包含学术机构和 PRIs 之间，以及教育与创新之间。

表 2.2　PRIs 的职能

职　能	活 动 示 例	理　　由
基本/战略性研究	• 基础研究，特别是在被视为具有战略重要性的领域，如国防、安全、核能、公共卫生 • 长期研究	• 企业或大学将承担具有足够广度和深度、跨学科性以及充分连续性的工作的非概率性 • 结合基础研究和应用工作以及确保"知识整合"的需求，如实现自身资源和其他资源的结合 • 与大学研究的互补（关联功能） • 关键大众所需投资（人、设施等）的规模 • 公共安全利益（在战略或敏感地区） • 专业的培训和技能（可能是一种利益而非理由）
针对经济发展的技术支持	• 面向产业的合同研究服务 • 与产业之间的合作研究 • 长期的前瞻性技术研究（推测性研究） • 技术"拓展"：支持扩散现有技术的采用 • 市场情报服务 • 技术配套服务	• 弥补与成本和风险相关的市场缺陷 • 加速和扩大技术扩散

（续表）

职　能	活　动　示　例	理　　由
支持性公共政策	• 基础和预防研究，如环境政策、公共卫生、食品安全、可持续发展 • 事前政策设计和影响分析 • 政策实施后的监督和监测，例如污染、地震勘探 • 专业知识	• 公正（包括对宣传职能的单独监控功能的需求） • 政策备选方案的调解人 • 对资源/时间密集型专业知识（如，超出偶尔或一次性的频率）的需求 • 责任和问责制
技术规范和标准	• 预规范研究 • 实施监控，如计量 • 认证（和认证机构的认证）	• 公正 • 基于独立的公共安全
构建、运营和维护关键设施	• 大型基础设施（如加速器、研究反应器、植物园、大型计算机设备） • 大型系列、独特系列、危险系列等 • 大型而长期的数据收集	• 潜在的市场失灵："超越其他竞争对手资源的成本" • 安保与安全（物理集中性、负责任管理）

来源：Poll 和 Unger(2016)，改编自 EURAB(2005)，Gulbrandsen(2011)，EARTO(2005)，P1elke(2007)。

2.2.2　私营企业和商业部门的作用

　　知识三角框架中的商业或私营部门的视角显著区别于公共机构和公共创新政策制定者。私营企业是否可能寻求与公共和半公共领域的互动和协作活动，取决于一般商业利益而非其他任何社会或政治愿景（虽然私营部门也存在不可忽视的慈善活动链）。

　　这些交互是通过不同渠道进行的：首先通过各个教育层级的技能出众的人才，这是提高企业创新能力的主要先决条件；第二，是大学或 PRI 实施的公共研究，这会直接或更间接地（基础研究方面）转化为创新（如 Jaffe，1986；Karlsson 和 Andersson，2005）。

　　私营企业积极参与公共研究和教育活动协作的方式和强度也会决定它们

向这些领域提供的输入。表2.3基于该项目案例研究的指示性示例,展示了从私营企业获得的一些直接输入和间接溢出效应。虽然在文献中,HEIs对创新和私营企业活动的贡献通常是分析的起点,但是本章节侧重强调了两个方向的各种潜在输入和溢出效应。

表 2.3　私营企业向学术研究和教育领域的溢出效应

直接的研究输入	• 为公共机构的研发和创新活动提供资金:来自企业的外部资金金额逐渐上升,尤其是面向很多经合组织国家大学预算的研发活动,同时也影响了大学的科研能力,改善了它们在竞争性研究资助和奖励、讲席教授或竞争性项目等方面的成就,这些是由公司本身或私人基金会等中介机构运营的 • 企业参与联合资助或实物资助公共项目,如合作研发项目、集群或中心项目等 • 通过捐赠或投资研究基础设施等方法参与 HEIs 基本出资
直接的教育输入	• 为学生提供助学金和奖学金 • 与 HEIs 合作实施学生的职业教育,如通过实习、前科学和科学论文共同监督或者邀请年轻的研究人员参加兼职的合作项目,如产业博士项目、博士学院或玛丽·居里行动等欧洲项目 • 参与课程研制 • 担任客座讲师 • 根据公司在某个区域的特定需求,参与基本资助甚至创建 HEIs,尤其是应用科学大学或者具有专业或技术专长的机构(如荷兰的 TU/e 或瑞典的"新大学")
针对研究的间接溢出效应	• 创业生态系统:HEIs 周围创业生态系统的存在对高校及其个体成员从事创业活动的态度具有至关重要的作用,如通过某种"创业精神"、商业化和新创企业专业技术和资金的存在,以及显性或隐性的企业需求导向 • 企业的需求可能会对 HEIs 的研究状况造成隐性影响,如通过指向需要解决方案的特定挑战和未来需求 • 企业作为公开知识的吸收者和用户:这可能有助于支持公共研发资金的正当化
针对教育的间接溢出效应	• 劳动力市场的需求作为教育项目设计的指示 • 毕业生仍有可能通过校友俱乐部或作为捐赠者而与母校保持关联,并作为年轻毕业生未来人脉网络的基础

来源:Polt 和 Unger(2016)。

2.2.3　公共机构

决策过程中,大家广泛意识到高校作为人力资本和技能发展驱动力以及作为国家和区域创新系统参与者对经济和社会发展的作用。根据欧盟 2020 年智能可持续增长战略所制定的目标,"知识三角"一词获得了与日俱增的重要性,尤其是在欧洲政策战略的背景下。欧盟 2020 年智能可持续增长战略①中将研究、教育和创新的高效关联视为应对社会挑战的一个关键先决条件。2009 年,欧盟委员会指出"通过系统性和持续性的互动改善投资对教育、研究和创新这三个方面活动的影响"②。因此,知识三角并非一个有限的概念,而应作为导向框架,引导参与者积极推动教育、研究和企业部门之间的有效关联。符合该框架的政策应能够推动学术文化的延伸,超越优秀的研究与教学,而进一步迈向创新,为经济和社会作出贡献。除使 HEIs 积极参与应用研究和商业化活动外,还需重点强调教育在提供技能、创新和创业精神等相关能力方面的作用。在欧洲高等教育体系的议程中,通常被称为"现代化议程",欧盟委员会呼吁更多种类的研究模式能够支持灵活和个性化的学习方案、教育项目的质量检查、促进对毕业生的活跃劳动力市场支持以及创新博士课程培训的新原则③。

由于政府和管理实体正式职责方面的巨大异质性,不可能以一个通用万能的框架界定公共部门在知识三角中的角色。高等教育机构的管理和资金筹

---

① EUCO 13/10.

② Council of the European Union (2009): Conclusion of the Council and of the Representatives of the Governments of the Member States, meeting within the Council on developing the role of education in a fully-functioning knowledge triangle; Note 14344/09; Brussels, 20 October 2009.

③ EU Commission (2011): Supporting Growth and Jobs-An Agenda for the Modernisation of Europe's Higher Education Systems; Brussels, 20.9.2011, COM (2011) 567 final; p.7.

措等存在着差距,例如,取决于其是否在国家或地方层面成为固定实践(如德国或西班牙的高度分散体系)。而基于机构的自主化程度和资助方案的自动性程度,并依据基于准则的方案或合同方案的应用,还可能存在其他差异(见下一节)。

从创新政策的角度来看,关于某个政府部门的职责创新是否正式生效,或者创新是否被视为几个部门责任范围内各种概念、资助方案和制度目标的指导原则,都有可能存在差异。公共机构职责难以归为某个组织的另一个难题在于挑战导向型政策方法日益增长的重要性(例如,欧盟所提出的重大社会挑战及其在当前研究框架项目 HORIZON 2020 中的嵌入状况),这种挑战导向型政策方法采取主题导向性视角(如能源生产、流动性等),这与知识三角框架中所应用的活动相关方法有所不同。因此,不同的主题可能关注的是不同配置的知识三角以及不同机构参与者和相关政府部门。

即便如此,一般而言公共机构(部门、区域和地方政府)在知识三角中的职责可以根据以下纲要进行描述:

- 根据各相关组织的职责划分,为公共部门以及私营部门的研究、教育和创新活动提供法律和监管框架,包括规范、标准、法规等。
- 直接或通过资金中介机构如委员会、公共机构和基金会,或通过税收优惠等间接机制(供给侧政策),为高等教育、公共部门和私营部门的研发和创新活动提供经费。
- 通过需求侧政策,如创新导向的公共采购,鼓励创新。
- 吸收和利用高技术人力资源、研究和创新输出。
- 确定作为中长期资金导向以及公共和私人参与者活动导向的主题或技术优先级(见 Mazzucato,2013)。

公共行政部门在努力集成和协调知识三角内活动时,会面临各种各样的挑战(见专栏 2.2)。

专栏 2.2—————————————————————————————

公共机构的挑战

—— 在整个高等教育机构嵌入创业文化。

—— 使学生参与知识的共同创造，成为创新体系的一部分。

—— 为人才培养创建丰富的学习环境。

—— 对新技能发展实施质量保证和认可。

—— 采取跨学科方法实施高等教育科研，并作为概念和政策目标的指导原则，如欧盟所提出的重大社会挑战。

—— 培养学术人才。

—— 将国际化作为改善制度实践的一种途径。

—— 实施灵活的管理模型。

—— 改变工作环境，扩大准入。

—— 将与知识三角相关的活动影响的评估和监测嵌入大学的战略。

—— 实施智能专业化，作为知识三角活动的政策重点。

—— 对制度层面的变更采取长远视角。

—— 激励和资助结构。

—— 积极与研究、教育、企业和创新等领域的国家政策环境建立友好关系。

来源：Markkula（2013），p.18.

在价值链、商品和服务的全球化后出现的日益增长的研究全球化，以及要求有关环境、能源生产和资源管理等方面全球协作的挑战，成为一种更普遍的发展趋势，是公共机构的重大挑战且影响着研究和创新政策。虽然这方面的早期概念关注的是技术领域，但新的横向方法将社会需求和挑战视为确定优先干预领域的指导原则。因此,这些使命或挑战导向型方法不仅要求根据既定优先级实现参与者整合,还要求根据这些目标对需要调整的政策领域实施整合。此外,通过关注重大需求领域(如 MINT)或创新整合并将其作为可能超越高等教育的指导原则,并呼吁对整个教育体系实施整合,如荷兰技术协议规定的整合,教育的形式可能也因此受到影响。从应对挑战所需的跨国工作的角度(如当前欧盟研究框架项目 HORIZON 2020 中所强调的内容),知识三角中的参与者可能包含跨国界的这个层级(如欧洲创新和技术研究所 EIT① 的知识和创新社区 KIC 模型中所提出的)。

以下国家层面的公共政策举措,旨在通过不仅强调学术界和产业界之间的研究和合作,同时促进所有教育阶段国家利益目标领域的教育,从而提高创新和经济能力,是公共部门在知识三角方面整体战略的相关示例(见专栏 2.3 和专栏 2.4)。

专栏 2.3

荷兰最高部门倡议

2011 年,荷兰政府发起了一项政策倡议,对公共资源与九个顶级部门实施战略性研发和创新。这种方法的目标是针对未来的挑战,在知识和创新的基础上优化荷兰的竞争力并促进繁荣。企业界应该与高等教育界和研究界的利益相关者联合起来,开拓新市场、发明和产品。这九个战略重点包括农业食品、园艺和繁殖材料、高科技系统和材料、能源、物流、创意产业、生命科学、化学品和水。它们被确定为荷兰经济最具有竞争力和发展前景的领域,合计占比超过业务部门研发开支的 80%,总出口的 55%,但只有增值和就业的 30%。应该鼓励这些领域的科学-产业合作研究,特别是针对中小企业的参与。选择

---

①　https：//eit.europa.eu/。

基于行业的方法有两个主要原因：① 克服几个政府部门和有关部委之间存在的障碍；② 通过在各自领域的公共和私人行动者的密切合作，利用私人投资。估计 2013 年—2016 年每年的预算总额约为 10 亿欧元到 11 亿欧元，主要包括现有的金融工具（从部委到现在的 PRIs 和 HEIs、私人部门）的优化。这还包括研究和开发（研发）的税收抵免计划。

最高部门的定义很大程度上掌握在所谓的顶级团队手中，包括来自产业界、公共研究部门和政府的高层代表。顶级团队为每一个顶级部门制定战略议程。负责战略议程实施的就是所谓的顶级知识创新联盟（TKI），包括公共和私营部门的伙伴关系，包括企业、高等教育和科研机构。政府以津贴的形式来支持 TKI 的实施并补偿私人伙伴的投入。

除了为合作研究和创新活动提供战略性资金外，顶级行动还包括所谓的"技术条约"，针对教育周期各个阶段的有针对性的措施和资金，以提高与顶级部门相关领域的技能和人力资源。

在最高部门倡议的框架下，措施的进步和成功都收集在由荷兰统计局开发的为期两年的一系列指标中，涵盖了宏观经济、企业发展、就业特点、创新绩效和教育输出。科学、技术和创新咨询委员会（AWT）也受托对倡议进行评估。因此，荷兰最高部门倡议是一个国家致力于主题优先次序的例子，包括具体的筹资目标和可衡量的成功指标。然而，也有批评的声音，例如，着眼于现有的优势，而不是潜在的未来生存能力。此外，由于对所需资源要求高，中小企业大多被排除在最高部门倡议的活动之外。

来源：Polt 等（2015）基于经济合作与发展组织（2014）：对创新政策的审查：荷兰。

专栏 2.4

澳大利亚国家创新与科学议程（NISA）

澳大利亚政府发现了创新能力方面的一些障碍，包括产业研究合作的有效性,对企业家精神和落后风险投资文化的支持,学生的 STEM 技能以及政府对创新的支持,作为回应,澳大利亚政府在 2015 年发起了国家创新和科学议程。由于每年的专门预算为 11 亿澳元,应围绕以下四个主要支柱采取行动:① 文化与资本;② 合作;③ 人才和技能;④ 政府为榜样。

"文化与资本"支柱的关键行动包括对风险与创新型公司有利的新税模型,以及来自澳大利亚 CSIRO 公共创新基金,包括孵化器的共同投资商业化活动。

第二个支柱强调通过几项新措施来促进高校和商业界的合作,包括投资和建立大型世界级研究基础设施和集群活动。此外,HEIs 在合作活动中的表现应该成为公共资金分配的因素,首先是预留专门的预算,其次是制定相应的 2017 年至 2018 年度监测计划。

"人才和技能"支柱旨在更好地提升澳大利亚年轻人在 STEM 学科和信息与通信技术领域的能力。活动包括使科学家和专业人员进入教室的暑期学校或 STEM 伙伴关系项目。其他活动包括支持妇女在信息与通信技术领域的工作,以及通过新的签证计划吸引来自国外的人才、技术和青年企业家。

最后一个支柱应该通过直接的政府活动强调创新,包括以创新为导向的公共采购或提供公共服务和信息的数字服务。

虽然现在对这一议程的影响做出任何评估还为时过早,但它是政策规划中政府整体配合的又一个很好的例子,同时促进了知识三角每一个轴线及其交叉点方面的行动。

资料来源:澳大利亚政府(2015):国家创新与科学议程。

2.3 支持知识三角活动的治理模式和政策工具

尽管政策领域往往与经济角度分开看待,例如产业政策、教育政策、创新政策,这些政策可能导致"孤岛思维"——知识三角呼吁采取综合政策方针,瞄准教育、研究和创新三个领域。在高等教育政策的以下各机制中，将讨论改善产业科学关系的工具，以及在知识三角范围内的评估方面的问题。

2.3.1 高等教育机构的资助和治理

根据 HEIs 作为知识三角的关键角色的作用，HEIs 的治理机制对于形成知识三角至关重要。治理结构和筹资机制的设计是高等教育机构如何将其置于知识三角中的重要决定因素，因为它们在个人研究者和制度层面提供激励和障碍。在过去 20 年间，许多经合组织国家发生了一些事态发展，这些发展对 HEIs 参与知识三角活动产生了直接的影响。这些发展包括监管框架的变化以及公共当局的指导和筹资机制，即：

- 提高 HEIs 的办学自主性，如经费的使用、合作的介入、招生与人力资源的开发、课程的开发等。
- 介绍以契约、协议、准则和指标为基础的基本公共资金分配的绩效筹资方案。
- 增加来自公共和私人来源的外部（竞争性）资金。
- 机构合作与合并。

下文将介绍这些发展情况。

高校自治与绩效基金

通过与在公共部门机构联系方面的法律和制度独立性，高校自主权不断提升，同时，根据新公共管理的原则，许多经合组织国家高校基本公共经费划拨过程中也引入了基于绩效的元素。"基于绩效的经费划拨被视为高等教育机构的（公共）预算因机构的不同绩效而产生差异的一种经费划拨类型。"（De Boer 等，2015）。Hicks（2012）提出了提高绩效元素重要性的六个主要原理：

- 激励提高生产率。

- 使用市场导向激励机制替代传统的命令—控制体系。

- 激励采取更强的服务导向。

- 将管理自主权移交给高校。

- 承包服务。

- 提高对输出和成果的问责制。

De Boer 等（2015 年）发现机构概况，即基于个人机构优势的高等教育体系的战略多样化，是基于绩效的资助计划的另一个预期的影响。最近的一些研究调查了欧洲和经合组织国家基于绩效的计划的结构（例如，Pruvot 等，2015；De Boer 等，2015；Hicks，2012；Niederl 等，2011），发现设计和目标变量有很大差异。基于绩效的资金包括基于准则的计划，绩效协议和合同以及这些元素的组合，后者往往是最为频繁的。此外，考虑到绩效测量的时间点，测量方法也会有所不同。

基于准则的融资计划通常将过去时期的以输出为导向的事前观点应用于为资金分配提供理由。指标体系可以针对教学和研究成果以及"第三使命"活动。后者通常由第三方资金或合作活动的数量来估计。根据上述研究，经常使用的指标维度包括：① 毕业生人数；② 学生通过的考试数量或学生获得的学分数量；③ 学习维度；④ 学生的社会组合；⑤ 平均学习时间；⑥ 博士研究生人数；⑦ 研究生产力；⑧ 竞争项目数量的研究表现；⑨ 第三方收入；⑩ 商业化活动收入（专利、许可证收入）。在许多国家，通常将绩效指标的混合体系应用于教育和研究（例如丹麦、瑞典、澳大利亚），在不同程度上也适用于历史路径依赖性。

不同于基于准则的计划，绩效合同或协议为未来的业绩设定了目标，主要是在责任部门和个别高校之间进行谈判。这些措施的特点是：在目标无法实现时，它们对资金的影响是软性或硬性的。绩效协议通常允许机构设置战略目标而不是设置技术/数量指标。这就是为什么绩效协议是 HEIs 将使命扩展至研究和教学活动以外的特别有用的工具。这些目标可以包括例如：① HEIs社会区位外联的增加和参与度；② 制度性的发展概况；③ 提高与业务部门的相互联系和促进创新；④ 增加国家研发的国际互联。"协议"和"合同"

的区别主要是指法律约束力度，即如果产出没有达到要求，那么管理当局是否以及用何种方式进行惩罚。尽管近期很多国家都采取了这些方案，大部分都有基于准则或历史框架的补充方案，原因在于其专门的预算份额（根据 Pruvot 等人，2015 年，大多数欧盟国家为 1％～7％整体补助款），制裁机制的力量，或这些协定聚焦于大多的特定领域而非所有领域。

基于高校绩效在上海排名和专利输出的分析，Aghion 等（2009）表明，高校自主权和竞争性资金机制与欧洲以及美国公立高校的高校产出正相关。但是，以绩效为基础的资助机制的应用不仅影响了高校研究和教学成果的绩效，而且决定了它们参与创新相关活动并完全融入知识三角的潜力。

自主性和绩效导向对 HEIs 参与资助的贡献主要有两个方面：第一，自主性的增加为经费的内部分配和机构的战略议程设置和配置发展创造了回旋余地。第二，正如之前所指出的，绩效机制本身可能侧重于商业化和高校对创新及其他开展"第三使命"活动的贡献，如社会外联活动。但根据这种绩效导向的计划的校准（其他目标的实现状况：金融资源），高校的不同服务之间也可能存在着冲突，如在有限资源的竞争过程中，科研被高校教育拒之门外，反之亦然。Polt 等（2015）深入地分析了丹麦和瑞典的创新系统，发现创新在政府议程中占据重要地位，尤其在丹麦，高校部门根基广泛而深厚（见专栏 2.5），但是很多 HEIs 认为在经费机制方面却并未妥善地反映出这一点，因为它们关注的仍然是教育和科研输出的卓越性。根据瑞典的"教授特权"机制，高校职能间还存在另一个紧张问题，该机制允许教授免于承担科研项目，且允许个体研究人员可以拥有 IPR 的自治权（Damsgaard 和 Thursby，2013）。

专栏 2.5

丹麦绩效协议：大学自治和战略发展

丹麦高等教育系统在过去 10 年里经历了一些重大变化。2006 年丹麦议会的决议后,大学和高等教育机构被要求基于各机构自主确定的流程,实施机构合并。该合并流程还包括公共研究机构。这导致了丹麦高等教育格局的重组,之前的 12 所大学和 13 个研究机构缩减为现在的 8 所大学和 3 个研究机构。作为机构参与合并过程的激励举措,HEIs 的公共资金获得了显著增长。丹麦大学也获得了高度的机构自主权。在高校格局重组的同时,财政和治理机制也获得进一步发展,机构之间的竞争以及通过创新和社会宣传进行高校拓展等方面得到更多的关注。应通过在 20 世纪 90 年代制定的针对高校经费分配的计价器方案的基础上,引进研究绩效指标,促进竞争。同时应通过每个高校和政府之间单独协商的绩效协议,鼓励第二支柱——拓宽高校任务,预测创新,与周围的生态系统实施互动并为社会发展作出贡献,且以此参与知识三角活动。虽然这些协议不具有法律约束力的合同状态,但依然被视为重要的推动工具,能够促使机构对其使命有更广泛的理解,并推动这些自治机构的发展。作为协议的签署方,高校的改革可以由部长负责实施。

自 2000 年首次实施三年计划以来,绩效协议的范围和设计就获得了不断发展,从全面的、面向流程的规划文档转变为更精简、更具战略导向性的使命宣言和数量有限的可衡量目标。这些目标的确定是谈判议程的一部分,国家部门可以确定符合国家利益的战略领域。2012 年至 2014 年间的目标虽然没有明确归类,但是可以解读为整合知识三角,并以此作为理解高校职责的指导原则:

(1) 不仅从个体学生的角度,还要从就业市场的角度,提高学位课程的质量。

(2) 加强教育体系的凝聚力,即改进不同机构之间的过渡。

(3) 加速工作完成进度。

(4) 通过与社会进行知识交流,提升创新能力。

由于丹麦大学绩效协议更加"智能",能够更有针对性地促使大学强化思考,做出更有战略意义的行动,因此通常认为其符合发展原则,具有积极的促进意义，但是依然有其局限性。首先，强调研究和教育质量与输出的经费机制举措间的联系，以及协议中规定的目标，仍然是间接性的，这实际上限制了高校强调创新和社会宣传的能力。此外，对可衡量目标的重视加深了学术界的忧虑，而这可能会对科学的独立性造成一定限制。最后，在制度目标的制定过程中，外部参与者的参与仍然非常有限，而且仅为间接性的——大学董事会包括外部成员——然而这将成为实际推动高校社会宣传的一个重要先决条件。

来源：De Boer 等(2015)，Poll 等(2015)。

2.3.1.1 高等教育系统的制度变迁

高校自主性的提升以及基于绩效的资金计划的推出，伴随着公共研究机构的整合，如通过 HEIs 之间以及 HEIs 与 PRIs 之间的合并，尤其是在北欧(如丹麦、芬兰)以及法国。然而经常有人提出成本节约和效率的原因(Pruvot 等，2015)，这表明其意义微不足道。实际上在研究和教育领域创建"临界质量"以及努力推动质量改善，被视为促使这些发展成就的主要驱动因素。除这种预期质量收益外，大家认识到的另一种积极效应是公共研究体系复杂性的降低，尤其是在机构数量方面。特别是随着机构格局和关联潜力的日益清晰，高校PRI 整合可能有助于提升企业获得公共研究服务的机遇，正如丹麦的情况[1]。高校格局结构改革的另一个例子是过去 10 年中的法国，如专栏 2.6 所述。

专栏 2.6

法国研究和高等教育中心(PRES)

法国的高等教育体系在过去 10 年中经历了一些重大的改革。其中最为

---

① Polt 等(2015)。

深刻的改革之一就是,响应 2007 年自治改革的要求,通过同一地区各高校、精英学院和公共研究机构的活动和资源聚合,成立法国研究和高等教育中心(PRES)。当时的想法是通过共同的教育研究场所提升协作性,从而实现各个研究领域资源的聚合,推动具有国际影响力的临界质量的发展。这与法国研究政策的新逻辑非常一致,法国研究政策旨在促进区域"场所"研究机构的形成,而非德国卓越举措所推行的个体研究。

　　PRES 内的交互合作可以采取两种形式:① 机构的正式合并;② 联合建立一个公共法律研究机构(EPCS),以实施特定领域的研究。联合活动涵盖博士层面和硕士层面的研究以及培训。此外,PRES 担任研究成果传播的联合平台,旨在提升各自机构的国际知名度。PRES 拥有其自身的行政机构,由所有成员机构选举出的主席领导。目的是在法国研究体系中所存在的拥有不同使命的不同合法公共实体这一背景下,促进各种不同类型机构之间的合作,从而有助于提升服务过程中的连贯性。PRES 的建立是高校根据 2007 年高校法案而获得新的自治权的先决条件,这包含公共资金的内部分配自治权、人力资源规划的自治权以及研究和教育领域战略发展的自治权。此外,这也有助于使自身符合"未来投资项目"(PIA)经费的资格,该项目作为法国卓越计划之典范,于 2010 年开始实施,其中截至 2020 年的公共预算预期达到 350 亿欧元。

　　到 2012 年,共建立有 26 个 PRES,包括斯特拉斯堡、格勒诺布尔和洛林的新大学等一系列机构合并。随着 2013 年高校改革法案的实施,PRES 被转移到所谓的大学和研究院共同体(CUE),以改善教学协调性。如今 CUE 与 MENSR 也签订了规定它们特定活动的多年期绩效协议。

　　来源:经合组织(2014):创新政策的评论——法国;经合组织出版。

2.3.1.2　高等教育机构的竞争性资助

　　伴随着高校角色的上述过渡,在世界各地的很多国家都可以观察到高校预算的第三方或外部(非政府)基金的份额越来越高。这一方面是由于公共部门及其中介机构所划拨的竞争性资助有着日益增长的重要性,另一方面,随着高校越来越多地参与协作和合作研究活动,自然也会获得越来越多的私人资助。

根据资金来源的不同,第三方资助的高校研究财政有着不同的影响。公共计划旨在实现不同的战略目标(如提升某区域的卓越性)或结构目标(如改善产业—科学关系),从而提升了基于绩效的竞争性机制的基本经费。根据这些目标,在确定主题领域时,结构要么是自下而上的,要么是自上而下的,包括基础研究或应用研究。另外一个区别是无论何种项目,个人或机构安排(如与商业部门的合作结构)或基础设施都是重点行动领域。

来自私人尤其是业务合作伙伴的第三方经费通常被作为学术和私人领域之间知识转移的质量和数量指标。在某些国家(如丹麦、瑞典或美国),由慈善投资者或企业所有的私人基金会,也在研发和高等教育的资助方面起着重要作用。从知识三角的视角来看,由于公共和私人经费的不同目标而有可能出现的潜在冲突有待确认和指出。在某些领域,情况正是如此,例如,在丹麦的生命科学领域(参见 Polt 等,2015),私人经费可能成为 HEIs 研究甚至教育活动(尤其是博士教育方面)的主要资金来源。因此,这可能会对公共部门造成一定威胁,使公共部门在战略领域受到排挤,降低公共部门在学术研究专题组合方面的指导能力,以及对知识三角各个领域进行统筹的能力。

另一个潜在陷阱与竞争性经费体制带来的总开销有关,经费来源同时包括公共部门和私人领域,而每一种都无法充分覆盖。随着外部经费比例的日益上升,高校越来越多的基本经费与公共筹资要求捆绑。这会削弱高校管理层的战略行动能力,无论他们在资金使用方面有多大的正式法律的独立性(见经合组织,2016 等)。

2.3.2 产业—科学关系和知识转移

当前学术界已实施了各种研究,分析和探讨学术界向社会和企业以及同类型机构间可能发生的知识转移的转移渠道、交互模式和政策工具(例如,最近的经合组织,2013；Perkmann 等,2012；Arundel 等,2013；Mathieu, A.,2011)。从广义上说,提供研究和教育输出这种渠道与举行高校自身创业活动(通常也被概括为商业活动)这种转移渠道之间有所不同。此外,个人人脉等更为非正式的联系也通常被视为后期正式合作的一个关键先决条件。表 2.4 概述了通常所说的转移渠道以及相关的正式化模式和政策支持结构。

表 2.4　知识转移和商业化渠道及交互模式

知识转移渠道	交互模式和支持工具
非正式宣传活动	会议参与
	社会关系和人脉网络的形成
	人员(学生、研究人员)的跨行业流动
	出版物
研究与教育协作	合作教育:公司参与课程开发,分享教育设施(如博士项目、实习)
	跨组织布局研究合作和合作协作设施(研究中心、实验室、集群项目、平台等)
	基于项目的研究合作
	共享研究设施
	学术咨询服务
	联合出版物
商业化和创业活动	专利和许可活动:TTO
	公共研究衍生性公司和学术创业
其他	规范和标准的联合制定
	为公共政策制定者提供联合咨询服务,如通过科学委员会或欧盟(EUA)层面咨询

来源:摘自经合组织 (2013)；Mathieu, A. (2011)；Perkmann 等 (2012)。

这些渠道的重要性，以及参与这类活动的制度能力，是由科学和教育领域的机构特点、自治程度和机构、部门、教职工与个人的管理能力，潜在合作伙伴公司和机构等周围环境态势，以及公共资金系统激励和政治策略所决定的。

虽然这些渠道通常指的是知识转移的一个单模式视角，即单独宣传活动模式提供研究输入；从知识三角的视角而言，还需将对高校研究和教学功能产生的几大转移渠道之间的外部效应以及来源于外部宣传的溢出效应纳入其中。实施合同和合作研究活动的经验丰富的研究人员或教职工可能为其学生的未来学术生涯提供重要的专门技能。一种重要的创业文化可能对强化教学课程起到卓有成效的孵化作用。而参与合作活动也会有助于提升高校的研究声誉，展示高质量和可靠性，而这可能会导致外部资源的增加，对学术人才吸引力的上升，等等。这仅仅是极小的一部分，根据各个高校参与知识转移机制以及周围生态系统的激励和能力，还有很多效益有待发掘。图2.2的左部和中央概述了个人及其制度环境的几大要素和能力，这些决定了知识输出的情况，如右部所示。因此，我们添加了在这些有关执行机构的能力和态度转移活动

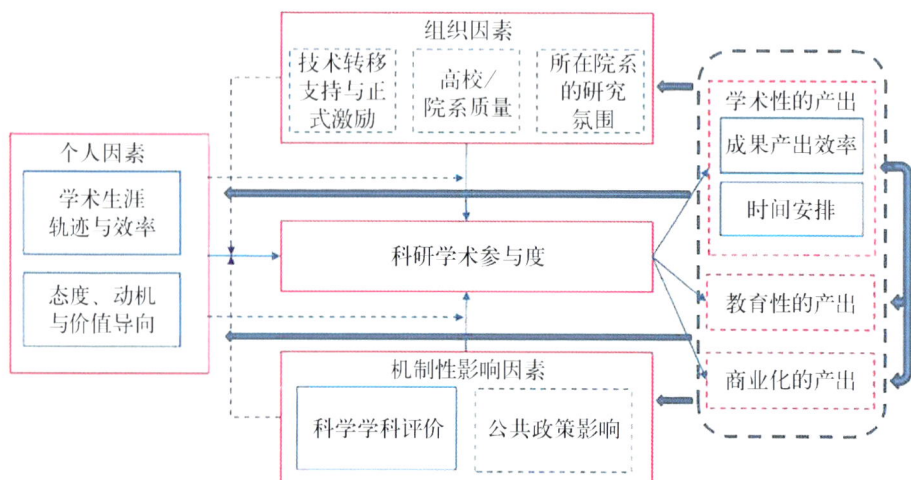

图 2.2　学术研究人员外部合作的分析框架

来源：摘选自 Perkmann 等（2012）。

中积极参与带来的外部效应和溢出效应。

　　从鼓励知识三角的政策角度来看，需要考虑到转移渠道和高校内部结构之间的这些独立性。除日益提升的能力和外部知识获取等带来的积极效果外，研究和教学领域还会出现潜在的冲突。在这方面，对于知识三角环境中产业—科学的关系以及转移机制的理解，必须从项目层面单向或双向的知识流向促进创新环境的构建、联合制定议程以整合知识三角三个领域的方向发展。这一类型的活动通常包括学术界与来自公共和私营部门的外部合作伙伴之间的中长期合作。这一方面的例子包括在瑞典和奥地利成功施行的旨在将基础科研的成果转化为针对企业的应用知识和解决方案的卓越中心计划。其他工具如集群项目或开发和创新平台更重视应用研究和创新。这些工具的另一个重要功能在于提高学生和/或博士对与企业合作实施的或代表公共部门利益的研究和开发项目的参与度。瑞典的战略创新领域计划（SIO）以及丹麦的创新网络是这方面的后起之秀（见专栏 2.7 和专栏 2.8）。

专栏 2.7

瑞典的战略创新领域计划(SIO)

　　瑞典的 2012 年研究和创新政府法案提出了根据高校、研究机构、产业和中小企业、公共部门、公民社会以及其他利益相关者之间长期深入合作，为推动自下而上的挑战导向型创新流程而制定新工具的需求。因此，VINNOVA 被任命负责实施所谓的战略创新领域计划（SIO），2013 年至 2016 年期间的目标经费金额为 2.25 亿克朗（2 400 万欧元），包括针对瑞典能源机构以及瑞典环境、农业科学和空间规划研究委员会（Formas）的预算。

　　战略创新领域计划的实施是一个循序渐进的过程，非常符合欧洲层面的ERA - NET 计划，旨在为战略领域的联合项目集中来自不同合作伙伴的资源。第一步，VINNOVA 号召通过建立不同利益相关者的联合体，跨越联合活

动的战略性和局部性框架，实施所谓的战略创新议程（SIA）。第二步，
VINNOVA进一步确定这些SIA是否适合所谓的战略实施方案（SIP）的制定，该
方案将获得三至九年的经费。SIP布局了针对各个SIA的实施流程，即项目建
议书要求的制定以及项目成果的监控过程。SIP的设置也是需要协作实施的，通
常需指定一位项目协调员，并建立监督董事会。截至2015年10月，已选定了16
份SIP。虽然大部分SIP协调员来自高校，但是也包括一些行业协会，如瑞典工
程行业协会、瑞典钢铁生产商协会或瑞典航空运输协会。虽然SIP已覆盖的领
域范围非常广泛，但是第一波SIA要求的最大部分（75%）资金集中于可视领
域，即机械工程、材料技术、电气工程、信息与通信技术和其他工程技术。

　　由于该项举措尚在持续进行中，因此当前对其影响和功能进行结论性评估
还为时过早。在首次所汇报的利益相关者流程评估中，SIO在扩展现有网络和
刺激新创新环境创建的所有支持性举措中位居首位。但在16个施行至今的非常
专业化的不同举措的背景下，"战略性"一词的适宜性受到质疑，人们纷纷猜想该举
措很大程度上支持的是个体和参与者的特定利益，而非更广泛的社会关注目标。

来源：经合组织（2016）：创新政策评议：瑞典，2016年；经合组织出版。

专栏 2.8

丹麦创新网络

　　丹麦创新网络代表的是特定类型的集群政策。前科学、技术和创新部（现
为科学和教育部）在2006年实施的丹麦创新网络项目旨在为企业、高校和研
究机构（GIS研究所）创建联合平台，改善不同机构之间的互动和知识交流，提
升丹麦经济的创新潜力。其关注重点为尚未与高校或科研机构实施合作的企
业，尤其是中小企业。

　　创新网络是基于成员组织之间的正式合作协议，拥有明确的经济或技术

重点领域。高校的参与是强制性的。此外,还需建立一个办事处,负责共同战略的制定、财务问题的解决、网络活动和由此产生的项目的管理和传播。国家公共资金为创新网络提供高达 50％ 的经费。私营部门必须出资至少 40％。还可能包括实物服务,如参与企业的劳务或设备支持。而且,很多创新网络为收费运营。还有来自地区和地方的资源以及欧盟结构基金的经费支持。

创新网络的中心任务是召集企业、研究机构和高校研究人员(牵线搭桥)共聚一堂。这应该能够为国家公共和欧盟资助计划的项目应用联合体的实施提供支持。另外一个重点是通过组织会议、教育计划和研讨会以及与国际网络接洽,实现各自领域的网络化和经验交流。此外,在创新网络的框架中,将在个体合作伙伴或组织(至少 2 家公司,至少 2 所大学)的联合融资下,制定和实施针对新知识、新技术、产品或服务生产的具体项目。其中一个必要条件是这些项目的成果必须实现超越直接相关企业的更广泛的社会效益。当前已成功组建了 23 个创新网络,涵盖能源、环境技术、信息通信技术、旅游、生产技术和材料、食品生产、医疗技术与建设和运输行业等领域的创新解决方案。

直至 2011 年,创新网络还是使用年度绩效账户进行监控的。为此,专门制定了一套有关活动或项目以及相关机构数量的标准指标。此外,还应用了针对知识转移活动的定性评估,如对参与企业实施了其创新能力和能力发展影响的调查。由此获得了多方面的积极发展。自引入该测量体系后,参加创新网络的企业数量稳步增长,其创新能力也积极提升。2011 年针对所有创新网络所实施的一项经济计量分析也显示:参与企业的创新概率较之对照组的非参与企业的创新概率要高出 4.5 倍。此外,高校和研究机构未来进行研发合作以及参与促进创新的其他项目(如丹麦创新基金)的概率也有所提升。由于创新网络通常会将一个地区的参与者联系捆绑在一起,虽然并不仅限于行政区域,但是它们仍被视为区域发展的重要驱动力。

来源:DASTI (2011a) 和 DASTI (2011b)。

2.3.3 对政策工具和知识三角相关举措的评估

对知识三角在机构活动或国家政策范式中的嵌入型的评估是一项具有挑战性的任务,因为一直以来都未曾对其进行明确的评估(有少数例外,如阿尔托大学的战略愿景,参见 Markkula,2013),因此,对该工具和措施实施的任何评估都需非常详尽,涵盖从应用机制的隐性结构到目标和绩效指标等方方面面。从知识三角的角度来看,对 STI 导向战略和措施的评估焦点必须进一步扩大,不可仅仅局限于有效性、效率、成果和输出以及措施的积极或消极外部影响,而应该囊括更宽泛的范围,同时强调教育、科研和创新领域政策的连贯性。

对公共项目的评估,如针对产业—科学关系或高校卓越性等方面的评估,通常采取的是有效性和效率分析形势,评估是否达到了特定的项目目标或政策目的。此类评估必须与对发展或绩效的监控区分开,后者是与约定基准成就有关的经费划拨或惩罚相关的。虽然在很多高等教育体系中,已经针对 HEIs 的职能采取了整体观,但是仍然很少描述和评估其在研究、教育和创新方面的三角角色。监控系统无论是否应用数值指标或约定的里程碑式计划,通常都会以单项模式的视角强调这些主题,因此很难妥善确定领域之间的溢出效应和外部影响。

知识三角概念承认系统性关系评估和监控的难度,不可被单独视为评估主题,而应视为以下事项的指导原则:① 对体系、政策措施和程序的输出和结果的评估;② 反映公共政策措施组合中如何平衡这三大领域,即是否有迹象显示对其中一个领域在经济上、监管上甚至修辞上有所偏向。

评估和激励瑞典的 HEIs 社会参与的评价机制的建立和测试流程,始于2012 年的政府议案,可作为在制度建设过程中实际实施这一要求的良好实践范例(见专栏 2.9)。

专栏 2.9

评估和激励 HEIs 的社会参与：瑞典 2013 年—2016 年发展试点的经验教训

自 1997 年以来，HEIs 与周围社会的交互就已作为一项官方"第三使命"被写入瑞典高级法，指的是瑞典悠久的 HEIs 社会和经济拓展活动传统。从那时起，就已实施了国家、制度或机构层面的很多措施、支持结构和资助工具，以根据这一职能为发展提供积极支持。然而，HEIs 职能和发展的社会交互仍然更像是研究和教学的一种扩展，仍然是作为一种盛行的核心职能，而机构吸收取决于各种路径依赖性和组织特色。为此，2012 年政府议案呼吁制定评估机制，以评估 HEIs 社会交互的绩效和质量，实现更具战略性的公共资金划拨。这还应包括新激励机制的制定。2013 年，VINNOVA 和瑞典研究理事会被指派负责一项持续到 2016 年的项目——制定和测试 HEIs 社会交互的评价模式。政府为这个项目全程划拨了总计 2 130 万欧元的经费。该项目本身包含三大构建模块：

(1) 2013 年和 2014 年单个 HEI 或 HEIs 联合体实施更为专业化的战略性项目的两项试点要求，总分配预算达到 1 595 万欧元（政府资金和 VINNOVA 追加经费）；要求所有瑞典 HEIs 参加，其中 27 个已实际获得资助。

(2) 要求与 HEIs、公共区域和国家机关、公共委员会和机构以及瑞典工业联合会等利益代表进行持续对话交流，以制定针对 HEI 社会交互以及各自评估过程的共同原则和特征；基本原则是不可将社会交互理解为单向的知识流或针对教育和科研的追加经费，而应视为帮助强化科研和教育相关性和质量的双向过程。

(3) 测试既定评估过程和评估机制的两项进一步的试点要求，重点关注 HEI 的策略和实施方案以及交互活动的质量和结果，指定预算总计 1 280 万欧元；针对其中每一项，应制定两三个定性指标，以供专家小组实施评估；考虑到瑞典 HEI 体系的极高的机构多样性，为避免在评估过程中陷入一刀切，应将机构分为六大类：① 大型综合性大学；② 专业性的大学学院；③ 没有专门领域的大学院校；④ 美术和应用艺术以及表演艺术大学学院；⑤ 新大学；⑥ 大型专业性大学。

这一过程使得我们对瑞典 HEI 体系中实施社会交互的方法和质量状况获得了一些启发性的见解。令人惊讶的是，不仅工程、技术或医学领域内的大型专业性大学，而且大量地区性大学，都在评估试点中获得了良好的成绩。而且，观察到在关于策略的有利评估的数量和 HEI 社会交互实际成果的数量之间存在着一些分歧。启动项目的案例涵盖不同领域的活动，如提升研究人员的部门间流动，实施 HEIs 间战略协作平台，或者构建校友网络以作为未来合作项目的基础。总而言之，根据其初始目标，该流程促进了 HEIs 同业人员之间的联系，大家对社会交互的双赢效果有了更加全面的理解。该过程中所积累的一些关键经验教训也会对其他国家提供一些参考，如：

- 就该问题与 HEIs 进行各个层面（领导层、部门和教职工、员工和研究人员）的积极合作和对话是加深双方对主题的了解以及扩大成果共识的关键。

- 初始资金是为体制变更提供激励的一个必要条件，但是小额资金会对人员、活动和组织学习产生很大的杠杆和动员作用。

- 评估工具可刺激 HEIs 的组织发展，但是应切合不同机构类型的特点。

来源：Wise 等（2016）。

总结讨论

整个经合组织项目都将知识三角概念作为一个通用的分析框架，它系统性地解决了教育、(学术)研究和知识创建和创新等领域参与者之间的交互问题。知识三角框架中所处理的很多交互,已在其他分析框架中以不同角度和视角获得了处理,如"三螺旋""创业型大学"等。如瑞典和加拿大的案例研究表明,高校的很多研究人员和研究执行单位虽然确实在实施知识三角轴上的活动(知识转移、企业合作、教育等),但是他们并不熟悉知识三角的概念。至少一些大学明确将"第三使命""创业型大学"或"三/四螺旋"纳入它们的使命。

虽然可以识别影响高校属性角色以及行为和组织特点的常见趋势,但是在推导一般的政策措施时,考虑到机构的极端多样性,我们应当谨慎。但可以对比相似的机构设置和挑战,学习政策经验。

图 2.3 显示了知识三角如何充当本章节所讨论的各种概念的整合性框架,

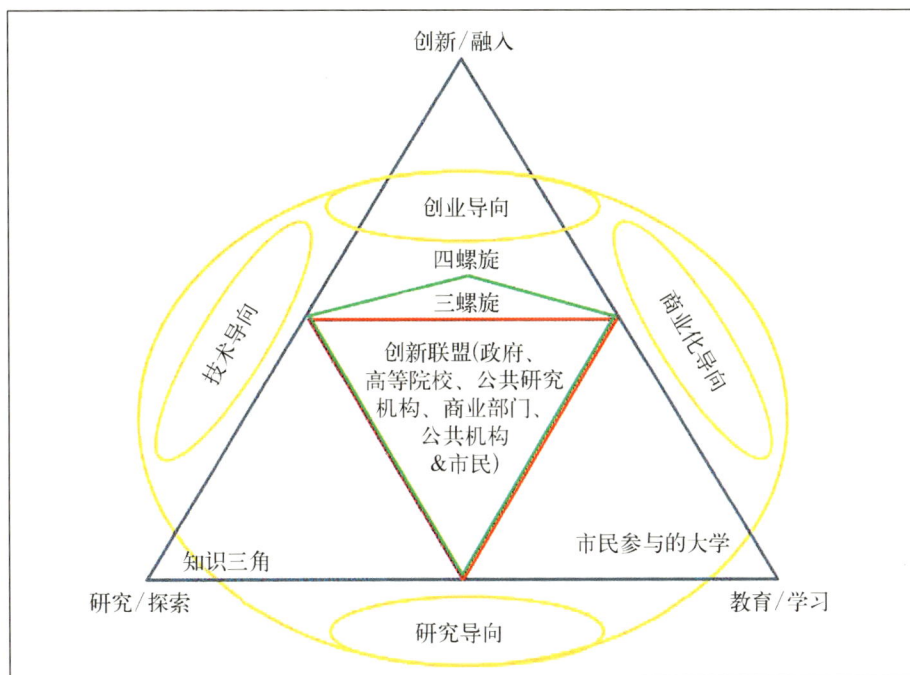

图 2.3 作为整合性框架的知识三角

来源:Poll 和 Unger,2016。

这些概念虽然侧重点不同，但都指的是对 HEI 的社会和经济发展作用的更宽泛的理解。因此，通过探讨研究、教育和创新的促成因素之间的相关性，这些概念可以作为制定相关政策的指导原则。

无论采用哪种概念（知识三角、"三/四螺旋""市民或创业型大学"），它们都旨在呼吁建立一种在处理不同知识三角角度和参与者时能够意识到活动之间关联性、潜在权衡以及激励和工具之间必要分化的政策或战略。影响知识三角各领域间独立性的工具通常关注的仍然是一些单一问题，如学术和企业部门之间的教育、商业化以及科研的关联性等，而非应用一种综合性的科研、教育和创新视角。尤其是，尚未能充分重视教育的贡献以及对教育的溢出效应，无法充分改善产业—科学关系。

因此"真正的知识三角"活动应界定为旨在提高知识三角至少两个领域（或所有的三个领域）之间的关联性，而其他方法仅旨在提升其中一个领域的绩效，仅间接地对其他两个领域有潜在溢出效应。

根据知识三角的教育、研究和创新各领域间实现交互的逻辑，每种仅针对其中一个领域的政策也会对知识三角的其他领域产生一定的影响。但是"知识三角政策"仅可表示明确针对知识三角全部领域的整合的政策、措施和工具，如芬兰的开放创新平台或卓越中心/能力中心等类型（如奥地利的 COMET 和瑞典的 VINN 卓越中心）。

知识三角涉及的是政策制定的多个层级，从地方和市政层面到区域和国家层面，甚至跨国机构层面。因此，在知识三角的战略解读中哪种愿景最为盛行这一问题取决于国家/区域创新体系的取向以及该国的 STI 治理系统。

从本章提出的几个例子中，可以总结出：在高等院校和其他参与者中实施体制变更需要制定适当的激励机制，无论是竞争性公共项目、拥有专门预算支撑的国家或地区战略，还是嵌入公共分类财政补助金划拨机制的特定措施等。正如瑞典的评估试点项目中所特别指出的，在努力实现 HEIs"第三使命"的固定化过程中，少量的资金即可发挥显著的动员效应，尤其是当它们能够设法撬动私人资金时。因此,知识三角的概念使大家能更进一步地认识到——知识三角其中一个领域的投资不仅会对另外两个领域的投资产生积极影响,还会产生外部推动力,从改善劳动力市场,实现结构化的经济变更,到激发整个社会等——通常在非常强有力的基于地方的环境背景下,贡献卓著——因此知识三角概念能为政策制定者提供支持。

参考文献

Arundel, A.; Es-Sadki, N.; Barjak, F.; Perret, P.; Samuel, O.; Lilischkis, S. (2013): Knowledge Transfer Study 2010 – 2012; Final Report on behalf of the EC Directorate-General for Research and Innovation.

Australian Government (2015): National Innovation and Science Agenda.

Chesbrough, H. (2003): Open Innovation — The New Imperative for Creating and Profiting from Technology; Harvard Business School Press.

Cole, J. R. (2016): Toward a More Perfect University; Public Affairs, New York.

Council of the European Union (2009): Conclusion of the Council and of the Representatives of the Governments of the Member States, meeting within the Council on developing the role of education in a fully-functioning knowledge triangle; Note 14344/09; Brussels, 20 October 2009.

Crow, M. M.; Dabars, W. B. (2015): A New Model for the American Research University; Issues in Science and Technology, Spring 2015.

Damsgaard, E. F.; Thursby, M. C. (2013): University Entrepreneurship and Professor Privilege, Industrial and Corporate Change, Volume 22, Number 1, pp.183 – 218

Danish Agency for Science, Technology and Innovation (2011a): Innovation Networks Denmark Performance Accounts 2011.

Danish Agency for Science, Technology and Innovation (2011b): The Impacts of Cluster Policy in Denmark — An Impacts Study on Behaviour and Economical Effects of Innovation Network Denmark.

De Boer, H.; Jongbloed, B.; Benneworth, P.; Cremonini, L.; Kolster, R.; Kottmann, A.; Lemmens-Krug, A.; Vossensteyn, H. (2015): Performance-based Funding and Performance Agreements in Fourteen Higher Education Systems; Report for the Dutch Ministry of Education, Culture and Science.

EARTO (2005): Research and Technology Organisations in the Evolving European Research Area — A Status Report with Policy Recommendations; Brussels.

EC (2011): Connecting Universities to Regional Growth: A Practical Guide.

EC (2011)：Supporting Growth and Jobs — An Agenda for the Modernisation of Europe's Higher Education Systems; Brussels, 20. 9. 2011, COM(2011) 567 final; p. 7.

EC (2012)：Guide to Research and Innovation Strategies for Smart Specialisations (RIS 3), Brüssel.

EC (2014)：The Role of Universities and Research Organisations as Drivers for Smart Specialisation at Regional Level.

Edquist, C. (1997)：Systems of Innovation: Technologies, Institutions, and Organizations; Pinter, London.

Etzkowitz, H. (1983)：Entrepreneurial Scientists and Entrepreneurial Universities in American Academic Science; Minverva, A Review of Science, Learning and Policy 21 (2 - 3), S. 198 - 233.

Etzkowitz, H.; Leydesdorff, L. (2000)：The Dynamics of Innovation: From National Systems and "mode 2" to a Triple HéLix of University-industry-government Relations; Research Policy 29(2): 313 - 320.

Etzkowitz, H.; Ranga, M.; Benner, M.; Guaranys, L.; Maculan, A. M.; Kneller, R. (2008)：Pathways to the Entrepreneurial University: towards a Global Convergence; Science and Public Policy; 35(9): 681 - 695.

Ranga, M. and H. Etzkowitz (2013), Triple Helix Systems: An Analytical Framework for Innovation Policy and Practice in the Knowledge Society, Industry and Higher Education 27 (4): 237 - 262.

EURAB (2005)：Research and Technology Organisations (RTOs) and ERA; European Research Advisory Board — Final Report.

Fischman, J. (2014)：The Research Rethinks; Nature Vol. 514, October 16th 2014, 292 - 294.

Foss, L. , Gibson, D. V. eds. (2015)：The Entrepreneurial University — Context and Institutional Change, Routledge.

Goddard, J.; Puukka, J. (2008)："The Engagement of Higher Educational Institutions in Regional Development: An Overview of the Opportunities and Challenges", in OECD, Higher Education Management and Policy, Vol. 20, Issue 2: Higher Education and Regional Development, OECD Publishing.

Goddard, J. (2009)：Reinventing the Civic University; National Endowment for Science, Technology and the Arts (NESTA) Provocation 12, 09/2009.

Gulbrandsen, M. (2011)：Research Institutes as Hybrid Organizations: Central Challenges to Their Legitimacy; Springer.

Hazelkorn, E. (2010)：Teaching, Research and Engagement: Strengthening the Knowledge Triangle; Presentation held at SIRUS seminar; 25 - 26 November 2010.

Henke, J. et al. (2015)：Viele Stimmen, kein Kanon — Konzept und Kommunikation der Third Mission von Hochschulen; Institut für Hochschulforschung (HoF) an der Martin-Luther-Universität, Halle-Wittenberg.

Hicks, D. (2011): Performance-based University Research Funding Systems, Research Policy 41 (2012): pp.251 – 261.

Jackson, D. J. (2011): What is an Innovation Ecosystem?; White Paper, US National Science Foundation.

Jaffe, A. B (1986): Technological Opportunity and Spillovers of R&D: Evidence from Firms' Patents, Profits, and Market Value, *American Economic Review 76*, 984 – 101.

Karlsson, C.; Andersson, M. (2005): Company R&D and University R&D — How Are They Related?; Working Paper prepared for EARSA conference 2005: http://www-sre.wu-wien. ac. at/ersa/ersaconfs/ersa05/papers/305. pdf.

Leydesdorff, L. (2012): The Triple Helix, Quadruple Helix, and an N-Tuple of Helices: Explanatory Models for Analyzing the Knowledge-Based Economy? Journal of the Knowledge Economy 3/2012: 25.

Lundval, B. -Å. (1992): National Innovation Systems: Towards a Theory of Innovation and Interactive Learning; Pinter, London.

Lindqvist, M.; Olsen, S. M.; Perjo, L.; Claessen, H. (2013): Implementing the Concept of Smart Specialisation in the Nordic Countries — An Exploratory Desk Study; NORDREGIO Working Paper 2013: 1.

Markkula, M. (2013): The knowledge triangle: Renewing the university culture; in Lappalainen/Markkula (eds.); The Knowledge Triangle: Re-inventing the Future, European Society for Engineering Education (SEFI).

Mathieu, A. (2011): University-Industry interactions and knowledge transfer mechanisms: a critical survey; CEB Working Paper N 11/015.

Mazzucato, M. (2013): The Entrepreneurial State: Debunking Public vs. Private Sector Myths.

Musil, R.; Eder, J. (2013): Wien und seine Hochschulen: Regionale Wertschöpfungseffekte der Wiener Hochschulen, ÖAW

Oddershede, J. (2009): Danish Universities — a Sector in Change, Universities Denmark.

OECD (2007): Higher Education and Regions — Globally Competitive, Locally Engaged; OECD Publishing.

OECD (2011): Public Research Institutions — Mapping Sector Trends; OECD Publishing.

OECD (2013): Commercializing Public Research — New Trends and Strategies; OECD Publishing.

OECD (2014): Innovation Driven Growth in Regions: the Role of Smart Specialisation; OECD Publishing.

OECD (2014): Reviews of Innovation Policy: Netherlands; OECD Publishing.

OECD (2014): Reviews of Innovation Policies: France; OECD Publishing.

OECD (2014): Reviews of Innovation Policy: Sweden; OECD Publishing.

OECD (2015): Scoping Paper: Higher Education Institutions in the Knowledge Triangle.

OECD (2016): Reviews of Innovation Policy: Sweden 2016; OECD Publishing.

Perkmann, M., Tartari, V., McKelvey, M., Autio, E., Broström, A., D'Este, P., Fini, R., Geuna, A., Grimaldi, R., Hughes, A., Krabel, S., Kitson, M., Llerna, P., Lissoni, F., Salter, A. and Sobrero, M. (2012): Academic Engagement and Commercialisation: A Review of Literature on University Industry Relations, Research Policy, 42, 423 - 442.

Pielke, R. A. Jr. (2007): The Honest Broker: Making Sense of Science in Policy and Politics; Cambridge University Press.

Polt, W.; Unger, M.; Ploder, M.; Wagner-Schuster, D.; Bundgard Vad, T.; Palmquist, S.; Barslund Fosse, H. (2015): The Leverage Potential of the European Research Area for Austria's Ambition to Become One of the Innovation Leaders in Europe — A Comparative Study of Austria, Sweden and Denmark; Studie im Auftrag des ERA Council Forum Austria.

Pruvot, E. B.; Claeys-Kulik, A. -L.; Estermann, T. (2015): Designing Strategies for Efficient Funding of Universities in Europe; DEFINE Project on behalf of the European University Association; Brüssel.

Ranga, M.; Etzkowitz, H. (2013): Triple Helix Systems: An Analytical Framework for Innovation Policy and Practice in the Knowledge Society, Industry and Higher Education 27 (4): 237 - 262.

Scott, W. R. (2014): Institutions and Organizations: Ideas, Interests, and Identities; 4th edition; Thousand Oaks, CA: Sage.

Sjoer, E.; Nørgaard, B.; Goosens, M. (2011): Implementing Tailor-made CEE in Theory and in Practice — The Knowledge Triangle as a Conceptual Tool; Paper presented at the 1st World Engineering Education Flash Week, Lisbon 2011.

Unger, M.; Wagner-Schuster, D.; Polt, W. (2016): Place-based Higher Education Policies in Austria; Austrian Case Study Prepared for the OECD TIP Project on the Knowledge Triangle on behalf of the Austrian Federal Ministry for Science, Research and Economy.

Veugelers, R., Del Rey, E. (2014): The Contribution of Universities to Innovation, (regional) Growth and Employment, EENEE Analytical Report No. 18, 01/2014 prepared for the European Commission.

VINNOVA (2014): VINNVÄXT — A Programme Renewing and Moving Sweden ahead, Regional Growth through Dynamic Innovation Systems; VINNOVA Information 04: 2014.

Viitanen, J.; Markkula, M.; Soler, C. R. (2012): Systemic Development of Regional Innovation Ecosystems; in Lappalainen/Markkula (eds.) The Knowledge Triangle: Re-inventing the Future, European Society for Engineering Education (SEFI).

Wise, E.; Berg, M.; Landgren, M.; Schwaag, S.; Benner, M.; Vico, E. P. (2016): Evaluating the Role of HEI's Interaction with Surrounding Society — Developmental Pilot in Sweden 2013 - 2016; Vinnova Report VR 2016: 09.

第❸章
基于地方的政策和知识三角

3.1 引言

尽管数字化和跨国研究合作的发展促使研究机构的全球嵌入性逐渐增加,但地理邻近性仍然是影响 HEIs 参与知识转移活动的重要因素。目前,有几项研究揭示了 HEIs 在区域发展中的作用(例如 OECD,2007;Veugelers 和 Del Rey,2014;Goddard 和 Punka,2008;Unger 等,2016),它们对转移渠道进行了更为广泛的分类。由于知识转移活动是由各自区域生态系统的结构(如现有企业、资金来源、网络等)所决定的,因此第二章中已重点描述的区域范围内的知识转移渠道是企业甚至是区域经济效益和竞争力的决定性区位因素。值得一提的是,这些知识转移的合作通常发生在"功能性区域"(见专栏 3.1)。

专栏 3.1

关于创新的功能性区域

创新的相关功能性区域取决于对跨境地区总体状况的分析、该区域是否有创新专用资产及已有或潜在的合作联系。跨境功能区的边界可能无法像行政地界领域那样在地图上划分清楚,因此在界定综合区域时需要做出权衡考量。创新合作不仅限于行政区域内，还可以从邻近区域受益。

　　创新是一个互动过程，它可以是企业之间的互动，亦可以是企业与其他部门（如教育和研究机构）以及与用户社群的协同与合作。这可以是远距离或近距离的互动。近距离面对面互动对于促进创新的重要性，在集群效益、集聚经济效益和知识溢出效应等方面的学术研究中得到了充分证明。有价值的合作伙伴可能就在附近的某一行政区域内。

　　资料来源：OECD（2013）、OECD 的区域创新评论、区域与创新、跨界合作，OECD 出版。

　　知识转移的活动通常发生在某一地区内，且相邻的产业集群、科学园区或孵化器更容易形成合作。但是，除了这些渠道，HEIs 的主要功能仍是为区域劳动力市场输出高素质的毕业生，这也是影响公司所在地区吸引力的重要因素。公司通常会向 HEIs 表达它们对人才的需求，甚至会共同参与课程制定或开展教育合作（例如专职教授或专职课程）。

　　除了增强公司所在地区的全球竞争力以外，HEIs 也是影响一个地区的社会、人口和文化结构的决定性因素。具体因素包括对年轻技术人员的吸引力，通过教育机构实现的区域性知识外溢，或开展的文化活动等。

　　此外，HEIs 通过多种渠道提供直接的区域经济刺激：① 创造就业，刺激区域需求；② 通过学生的需求；③ 通过基础设施方面的支出和投资（如 Musil 和 Eder，2013）；④ 促进一个地区的"知识品牌效应"，这不仅能创造良好声誉，还能为旅游业带来积极的影响。

　　反之亦然。HEIs 除了被知识转移活动所影响外，还会受到制度、地理或生态环境因素（例如建筑、自然资源、景观、动植物）等周围环境的影响。作为科学和教育领域专业化发展的起点，这些因素具有不可转移性，所以它们成为高校的一个独特卖点。其中一个例子就是对位于"高山区"奥地利因斯布鲁克大学的研究。

　　对于区域生态系统成为 HEIs 活动的关键因素同时也影响国家创新体系表现的这一认识,符合 OECD 国家朝着区域发展政策范式转变的趋势。在过去 20 年间,重点放在向落后地区的知识转移的传统政策,已逐渐转为以打造区域创新生态系统为重心的综合方法。大学和高等教育机构在这些创新生态系统中起着至关重要的作用:首先,它们是知识和技能的核心提供者;其次,它们可以在设计、实施和评估战略概念与措施方面为政策制定者提供支持。

　　我们来举例说明。智能专业化的政策概念明确阐述了通过区域知识三角各参与方的协调,共同设计一体化区域结构的模式,从而推动可持续、以知识和创新驱动的区域发展(如 EC,2012;OECD,2014)。在许多国家中,地区或分区行政机关,如城市和市政当局,均不同程度地参与到科技创新政策事宜中。其中包括战略规划的启动,创新相关活动(如集群)的资金筹集,再到设定HEIs(如在德国或西班牙)治理方面的正式责任。根据区域在 STI 政策制定中的作用,有关贯彻协调机制的形式化程度也有所不同。例如,在丹麦,区域增长论坛是区域内科学、经济和政治三方之间的法定嵌入式协调工具。在荷兰,"三螺旋"结构在区域部门的底层协调中具有悠久传统,区域部门经常采用这一结构建立常见的资助委员会或协会,该结构在共享活动的组织方面有着悠久传统,并且不一定遵照行政区域的界限开展。瑞典的 VINNVÄXT 计划(专栏3.2)可作为公共融资计划的一个示例,强调了各方整合的大局观,以及有关行为区域识别自下而上的方法,有利于基于知识的区域的发展。

专栏 3.2

瑞典 VINNVÄXT 计划

　　由瑞典创新机构 VINNOVA 于 2001 年起实施的 VINNVÄXT 计划,旨在将知识三角概念整合进区域战略规划。其目标是通过挖掘区域劳动力技能、机构、企业、特殊地理优势和资源方面的现有潜力,推动实现具有国际竞争力的研究创新型新环境。该计划为发展合作制度所需的机构建设提供资金。内容涵盖区域内的所有利益相关者，且侧重于构造整个区域创新体系，而非为某一个单独的项目、基建或倡议提供资金。这需要来自市场、政府和机构的投资以及长期的政治和体制承诺。各方的地理邻近性以及在区域之间具有"相似"的潜力和需求是发展此计划的基石。

区域财团每年的 VINNOVA 资助活动融资高达 110 万欧元（1 000 万瑞典克朗），为期 10 年。支持措施涉及两种类型的活动：一是为进一步发展区域创新体系制定战略流程，如流程管理、情景分析（未来 20 年），以及形成战略结果。VINNOVA 在 VINNVÄXT 项目下提供的第二种支持形式，涵盖了促进大学和研究机构之间的合作研发和创新项目。通过竞争性招标方式，由国际专家评委会审定确立项目。每三年提交一次进度报告，持续监测项目进展情况。第一阶段的融资重点是战略发展，其次是具体项目的执行。这些措施包括：支持研究机构或公司的新兴衍生企业，筹集风险资本，促进机构间的技术能力共享和联网，联合营销活动，招聘高层次技能人才以及提供住房和工作基础设施。许多 VINNVÄXT 资助的财团和项目还侧重于学生的跨部门流动性（例如公司实习、联合项目）以及区域特定教育计划的制定。

自 2001 年实施以来，截至 2016 年，已在 3 项竞争性招标中资助了 18 家被选中的财团。该计划需定期评估，无论是个别项目和财团的具体表现，还是涉及结构特征和实施过程，都会进行调整。2013 年开始启用了最新资助计划，它以整合开放式创新为核心范式（与"技术推动"方式相反），进而为创新活动提供资金，并明确提到将智能专业化作为区域发展的指导原则。此外，应强调绿色发展和可持续性以及该计划的社会影响。

资料来源：VINNOVA(2014)；Lindqvist 等(2013)。

鼓励 HEIs 将重点放在与所在地区的接触上是一项复杂的任务。落实和

评估这方面的政策所面临的难题在于：① HEIs 的作用根据其教学和教育任务的不同而不同；② 区域制度格局的差异；③ 国家和区域之间关于 HEIs、创新政策或区域发展的治理和融资责任的差异，这些因素均可能导致在采取激励措施这一事情上产生矛盾。因此，区域结构和创新政策规划与落实对于整个知识三角的体现程度差异很大。反之亦然，从国家角度审视知识三角，例如在 HEI 融资和政策制定方面，必须预先评估区域生态系统的作用和潜力。

这些结构性差异在为评估和确定 HEIs 区域参与度带来困难的同时，还存在其他困难，例如不同 HEIs 之间形成的紧张关系及各自为增加科学产出或吸引人才增加全球竞争力出现的矛盾。即使某些国家的执行协议已经明确提到将区域参与作为 HEIs 的关键任务，但区域位置与其他政策目标（如卓越科学、商业化或教育效率）之间仍需要权衡取舍。

高等教育机构及其在当地的互动

高等教育机构是在不同地理范围（包括地方和区域层面）内加强教育、研究与创新之间联系的主要参与方。高校能够以多种方式促进区域发展（见表 3.1），其中主要通过以下几点：

- 向愿意致力于终身学习活动的学生和成年人提供教育，为当地劳动力储备的升级和再培训作出贡献。
- 在创造当地知识溢出效应的新理念基础上参与研究活动。
- 传播知识，并与该地区的政府与企业各方建立合作，促进潜在的创新活动（Veugelers，Del Rey，2014）。

此外，高校是大型用工单位，它为区域吸引了大量学生、商务旅客和项目资金。对于世界上一些最古老或最负盛名的大学来说，它们显然为区域品牌效应作出了贡献，并成为这个城市或地区的形象和标志，如博洛尼亚大学、海德尔堡大学、鲁汶大学、牛津大学和剑桥大学（Veugelers，Del Rey，2014）。大学可以作为获得创业技能的跳板，也可能对特定地区新公司的创立产生直接影响。

国家和地方政府正在试图将 HEIs 的教育贡献（而不仅仅是其研究成果）置于更为重要的战略地位来吸引高等教育机构。其中包括，鼓励高校开展创业教育，为创业在校园的蓬勃发展创造空间（例如，阿尔托大学的校园工厂或佐治亚理工学院的发明中心，学生可以在这里开发新技术，随后再将这些技术商业化）。例如，在德国，高校最近增加了地区活动次数。特别矛盾的是，更大的大学没有察觉到这些变化。

表 3.1　HEIs 对区域发展的贡献

教学活动	为区域劳动力市场培养人才 学生的工作经验和实习 聘请外部教授和研究人员
研发和知识转移活动	有当地合作伙伴参与的研究项目 合同研究和业务咨询服务 对区域和当地社区的研究 新的衍生性公司以及初创公司的成立 学生和教授的流动性
促进大学设施的外部访问	实验室的外部使用 实验设备的外部使用 用于样品分析的专家设备的外部使用 使用高校校园和场馆进行外部活动
区域参与和区域领导	公共讲座或研讨会 通过学生招聘、研究联系、校友联系、研讨活动为区域品牌效应作贡献

资料来源：改编自 Goddard J. 和 J. Puukka（2008），Kroll、Dornbusch 和 Schnabl（2015），Benneworth 等人（2009）。

根据区域环境，HEIs 对区域发展的贡献可能或多或少包括表 3.1 中列举的特征。HEIs 更有可能在公司研发实验室或创新型公司所在区域参与研发、知识转移活动和公私合作项目。在区域创新体系相对较弱的地区,高校更有可能致力于培训人力资本以促进当地的发展,或通过发展研究领域的优势,尤其是与该区域相关的优势,为区域品牌效应作出相应贡献(见专栏3.3)。人口密度较低的地区属于第二类地区,主要是(但不一定是)农村地区,而位于人口稠密和城市化背景下的HEIs,周边更有可能存在准备建立研发合作的公司。因此,一些国家制定了区别不同类型高校职能的计划,如西班牙国际卓越项目校园(见专栏3.4)。

在其他情况下,在与当地民间团体保持密切联系(包括与地方政府机构和当地公司的联系)期间,区域性大学从一开始就是作为中心而发展的,将区域性大学作为中心来发展是研究与教育计划中所说的关键动力,而该计划旨在有效利用当地知识三角的互动作用。通常,这些大学也提供学习课程,以培养学生的创业技能,这些技能往往有助于从当地创新生态系统中受益。瑞典的马尔默大学就是一个实例。这所大学的核心活动是制定与该地区社会难题有明确联系的研究和教育课程。马尔默大学定期与非政府组织开发项目,而与非学术各方一同参与协作活动是教学人员的招收标准之一。然而,这种做法也给大学的战略方向带来了一些挑战:一方面,大学可能需要扩大其(用传统定义界定的)目前相对薄弱的研究活动范围;另一方面,大学可能希望加强与当地社会团体的沟通,从而进一步壮大和发展交流互动。加拿大滑铁卢大学(见专栏3.5)采用了许多方式来增加创业途径,其中包括IPR协议。

专栏 3.3

外围农村地区的 HEIs 或 PROs:以挪威和智利为例

UiT 挪威北极圈大学

特罗姆瑟大学-挪威北极圈大学是挪威北部的一所公立大学。它最初以特罗姆瑟大学为名成立于 1968 年,其任务是在挪威北部地区提供教育以及合格劳动力,挪威北部地区的特点是人口相对较少,且工业主要集中于对自然资源的开采。

2009 年,特罗姆瑟大学与特罗姆瑟学院合并,并更名为特罗姆瑟大学-挪威北极圈大学。之后,特罗姆瑟大学在该地区合并了其他三所大学学院,成为努尔兰、特罗姆瑟和芬马克三个北部地区的多校区大学。特罗姆瑟大学的活动受到了大学当地北欧环境的强烈影响。重点研究领域包括极地环境、气候研究、土著社区、远程医疗、空间物理学、渔业科学和海洋生物科学与技术。该大学是该地区最大的高等教育机构,其与公共部门建立了牢固的联系,为新型公共卫生福利服务的发展作出了贡献。它与商业部门的合作很少,因为该地区的特点是小公司很多,且它们很少参与研发活动。

特罗姆瑟大学由董事会管理,并选举了一位院长。除院长外,还任命了两名副院长:一位管理教育和研究部门,另一位管理区域发展机构。

区域研究中心 Kampenaike

为促进圣地亚哥以外的周边农村地区的经济发展,智利政府自 21 世纪初期以来,成立了以区域为重点的研究中心。位于智利南部巴塔哥尼亚马加兰尼斯地区的首府彭塔阿雷纳斯的区域研究中心 Kampenaike 就是一个很好的案例。该中心的重点是知识和技术转让与示范性研究,特别着重于牧羊。该中心的研究旨在创造、适应和转移生产过程和技术,以解决马加兰尼斯地区绵羊养殖业的具体问题,其特别注意自然资源和环境的可持续性。

研究中心 Kampenaike 旨在通过培训人力资本和与商业部门合作,成为巴塔哥尼亚最重要的牧羊中心。该中心的使命和研究项目由其外部董事会讨论,其中包括公共和商业部门的成员,并由智利地区农业部概述。

资料来源:经合组织 2015 年智利研究中心评估、挪威案例研究。

专栏 3.4

西班牙国际卓越校园项目(CEI)

国际卓越校园项目(CEI)由西班牙教育、文化和体育部与经济与竞争力部合作管理,并得到了西班牙自治社区的支持。CEI 的目标是在大学和其他研究机构以及单一校园的商业部门之间促进战略整合,发展以大学为中心的知识集群,担当国际卓越的地方枢纽,为区域经济发展和社会凝聚力作出贡献。

CEI 项目确定了不同类型的校园:

- 像马德里、巴塞罗那和巴伦西亚的城市校园,许多不同的大学和研究中心位于同一座城市。
- 区域校园指只有一所大学的地区(如阿斯图里亚斯或坎塔布里亚)。在这些地区,大学成为区域研究与创新政策和新型专业化战略发展的主要参与者。
- 与加泰罗尼亚南部特定领土有联系的领土校园。
- 特别关注研究和创新领域的分类校园,如在安达卢西亚的 CeiA3 校区,涉及 5 家在农业食品行业拥有优势的大学。CeiA3 还与安达卢西亚农村发展集团在农产品领域签订了伙伴关系协议。

资料来源:西班牙案例研究。

专栏 3.5

加拿大滑铁卢大学

滑铁卢大学与信息通信和技术部门的密切关系是其文化、政策和管理优先的结果。大学的 2013 年战略计划——《杰出的过去—独特的未来》制定了大学未来五年的发展方向，以保持其作为加拿大领先的具有创业精神的大学之一的地位。它旨在通过合作教育计划和研究计划继续支持与私营部门的合作，并支持创新和创业文化，实现这一目标。

滑铁卢大学建立了独特的创造者知识产权政策，这在大学中并不常见。这项政策允许学生、教职员工拥有其所有研究成果的知识产权。如果他们通过研究来将产品、服务和流程商业化，那么他们（而不是大学）将成为受益者。

大学自创立以来，通过与私营部门建立合作教育计划，与其建立了密切联系。合作教育方案还提供了一种支持私营部门与学术界交流知识的机制。参与组织通过获得高技能劳动力和获得在大学完成研发的机会，以及了解大学的研发如何潜在应用于组织而受益。同样，当合作教育学生返回学术界时，他们会带回对行业有益的理解。教授和教师聆听学生在课上和课外的讨论。在许多情况下，教授和教师将合作教育学生的经验应用于其课程和研究。

资料来源：加拿大案例研究。

创新和技能的集中

对各国创新和技能地理分布的分析显示，两者都集中在少数核心区域（见图 3.1）。这可能反映了长期的历史经济和技术专业化模式。无论国家经济发展水平或整体创新绩效如何，这种技能和创新的集中都呈现了一定的规律。鉴于国家之间和国家内部的创新活动的高集中度和地方创新环境的多样化，决策者越来越多地将注意力放在以地方为基础的方法上，试图将促进以创新为主导的经济增长视为有助于地方经济发展和民生改善的方式。这些方法通常旨在加强地方层面的研究、教育和创新之间的联系，这就是本章所涉及的地方层面的"知识三角"。

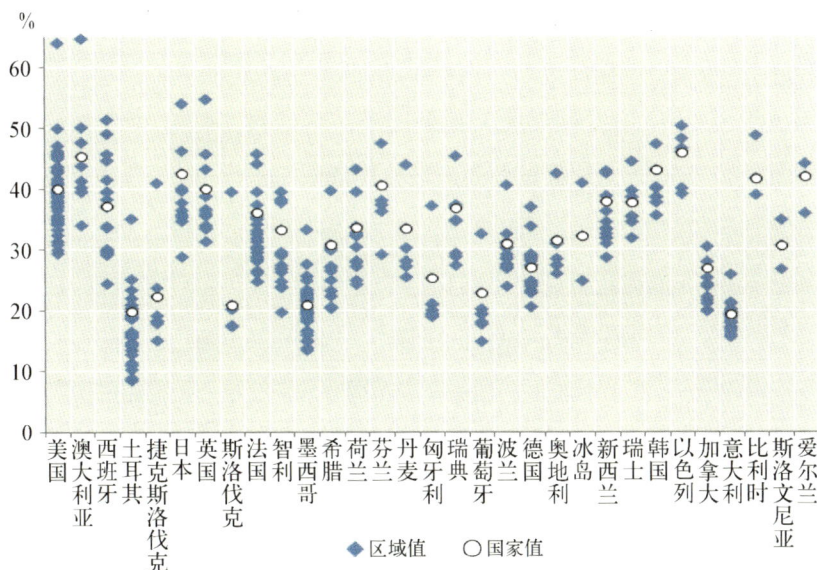

图 3.1　2014 年 TL2 区域的区域劳动力范围与高等教育程度

资料来源：经合组织（2016 年）经合组织 2016 年区域一览，经合组织出版，巴黎，http：//dx. doi.org/10.1787/reg_glance-2016-en。

3.2　如何使"知识三角"根据当地环境来发挥作用？

在区域层面，对高等教育、科研和创新的责任取决于国家的制度设定，但情况正在发生变化

根据各国的机构设置情况，地方政府在高等教育、科学、创新政策方面的责任程度有很大差异。例如在德国，联邦各州可赋予高等教育机构授予博士学位的权力。在西班牙，自治区负责与西班牙国家质量评估和认证机构（ANECA）一起监督公立大学和地区机构的高等教育质量，地方当局也参与高等教育课程的授权和认证。

在由中央承担 STI 义务的国家，往往其高等教育、研究和创新的区域政策不太发达。但即使在这些国家，也有将研究和创新的责任下放到地方的倾向。

例如，在挪威，自 2007 年以来，郡政府明确负责制定、资助和实施区域研究与创新政策。2014 年挪威高等教育改革的目标之一是加强 HEIs 在区域发展中的作用。在芬兰，应用类科学的大学是该地区自治市所拥有的组织。这一性质使得芬兰应用科学大学直接参与区域发展战略。

在奥地利，联邦科学、研究和经济部最近推出了"领头机构倡议"，以促进地方创新动态，以此加强教育、研究与创新之间的联系。这一举措的目标是支持大学优先发展，推动大学更多地参与开展"第三使命"活动。该倡议涵盖了国家和大学之间绩效协议的三个阶段，从第一个阶段 2013 年至 2015 年开始。在这个过程中，大学被要求制定一个地方发展战略，以纳入更广泛的大学战略目标。

许多经合组织国家正在形成汇集区域创新体系参与者的协调平台

为加强研究、教育与创新之间的联系，经合组织国家在许多地区推动区域平台的建立，目的是讨论区域发展和创新战略。这些平台将重点区域创新体系参与者和利益相关者聚集在一起，其中包括高等院校代表。将 HEIs 列入其中的原因有两个：一方面，这些协调机制可将一些大学的活动引向区域需求；另一方面，大学也可支持区域发展战略和行动计划的定义。例如，最近在荷兰、爱尔兰和丹麦成立了这样的平台（专栏 3.6），而在希腊，根据 2014 年颁布的法律，在 13 个地区都设立了区域 RDI 委员会。

专栏 3.6

荷兰、丹麦和爱尔兰"知识三角"协调机制

丹麦地区增长论坛（RGF）是 2007 年国家以下一级改革创造的机构，已经演变为采取积极主动的政策制定方式来支持创新和增长。丹麦有 6 个 RGF（每个区域 1 个，首都区和博恩霍尔姆岛共 2 个）。公共—私有董事会由 20 名成员组成，由区域委员会任命，任期 4 年，由法律确定。RGF 包括区域和市政当选官员、商业人士、高等教育和研究界的代表以及工会。RGF 的主要

作用是制定和监督区域经济发展战略,并推荐实现这些目标的项目。他们可向区域委员会和国家当局推荐项目。根据法规规定,RGF 将涵盖 6 个方面:① 创新、知识共享和知识创造;② 使用新技术;③ 创建和发展新公司;④ 开发人力资源,包括区域能力;⑤ 旅游部门的增长和发展;⑥ 周边地区的发展活动。

自 2005 年以来,包括阿姆斯特丹、乌得勒支、智慧港(属于埃因霍温市)或特温特在内的几个荷兰地区已建立了刺激创新的经济委员会。这些区域组织不是由国家政府资助的,但国家政府在这些地区与这些董事会密切合作。这些经济委员会包括所有区域创新参与者:知识机构、商业机构和地方政府代表。在某些情况下,区域经济委员会选择了优先领域。例如,阿姆斯特丹经济委员会决定优先考虑以下 7 个领域,用于该地区的经济发展:ICT/电子科学、创意产业、金融和商业服务、物流、花卉与食品、旅游与会议、高科技材料。

在爱尔兰,教育和技能部正在领导一个创建区域技能论坛网络的项目。这一倡议的主要目标是提供一个有凝聚力的、以教育为导向的结构,雇主和教育培训系统可共同努力解决其区域的技能需求;帮助雇主更好地了解和访问教育和培训体系提供的全方位服务;加强教育和培训提供者之间的联系,以便促进规划和执行方案,预期这将减少重复并支持国家资助决策。预计新的区域技能论坛将为学习者提供更好的成果,并通过提供更强大的劳动力市场信息和对雇主需求的分析来支持企业发展和创造就业机会,更好地使教育和培训条件与每个地区的技能需求相一致,在教育和培训体系中加强合作和利用资源,拓展继续教育和高等教育间以及技术与大学机构间学习者的发展路径。指导小组已经在全国的西南、东南、中西部、西部、西北、东北地区成立,不久将在内陆和中东部地区实施。所有指导小组都认为,区域技术论坛必须使所有主要的当地利益相关者形成合作伙伴关系。

资料来源:经合组织丹麦中南部区域创新审查,荷兰"知识三角"经济合作与发展组织项目,爱尔兰"知识三角"经合组织项目案例研究。

已制定了其他类型的协调机制，以加强同一地区 HEIs 的协调。在奥地利地区，区域高等教育会议成为同一地区高等教育机构自下而上的协调机制。这些会议讨论的活动包括：联合研究活动的合作、区域知识中心的发展、集群或培育计划的促进、教学计划的合作。此外，这些会议已成为地区 HEIs 共同讨论其在区域创新战略发展中的作用的地方。到目前为止，萨尔茨堡、施蒂利亚州（见专栏 3.7）、蒂罗尔、克恩顿州和布尔根兰已发展了这种合作机制。

专栏 3.7

奥地利施蒂利亚地区大学会议

施蒂利亚高等教育会议始于 2012 年，包括格拉茨大学、格拉茨技术大学、格拉茨音乐表演艺术大学、莱奥本矿冶大学、格拉茨医科大学以及 2 所教师教育大学和 2 所应用科学大学。这 9 个机构共同组成了"科学空间施蒂里亚"。除维也纳外，它是奥地利最大的高等教育机构群体，共有约 5.5 万名学生、1.2 万名员工（施蒂利亚州第二大用工单位），年总预算约为 7 亿欧元。"科学空间施蒂利亚"有以下目标：

- 创建施蒂利亚高等教育区。
- 在区域战略问题上发展共同立场。
- 在政策、经济和社会方面有共同愿景。
- 提高学生认识的共同行动。
- 协调高等教育和研究项目。

资料来源：奥地利案例研究。

将大学融入区域创新战略，包括新型专业化战略作为区域创新体系的关键参与者,HEIs 将在区域创新战略的发展中发挥关键作用,包括新型专业化战略——欧洲专家和决策者最初制定的概念,以通过创新加强地方资产来促进区域发展(Foray 和 Van Ark,2007;McCann 和 Ortega-Argiles,2011;欧洲委员会,2014),随后在经合组织(OECD,2013c)中获得了关注。新型专业化政策框架承认区域研究和创新战略需要根据当地情况(Kroll,2015)进行区分,以促进区域结构的改变。在欧洲层面,鼓励区域通过选择区域优先事项,并在开发和实施战略时采用多利益相关方的方法确定新型专业化战略。

根据最近对欧洲地区新型专业化战略的调查(欧盟委员会,2016),大学对战略发展的参与度非常高(近 80%)。比起国家战略,大学似乎更多地参与了区域新型专业化战略的发展。在更先进的区域,参与度更大。然而,大学在设计和实施新型专业化战略方面可能会发挥不同的作用,这取决于区域的创新强度水平。在欠发达区域,大学倾向于推动新型专业化战略进程,因其能在区域范围内发挥很强的作用:它们是有能力在当地层面发展研究和创新战略的少数参与者之一。此外,当地利益相关方的吸收能力有限,由于当地公司的创新水平低下,当地政府机构的能力有限,大学难以与当地企业合作。在更先进的区域,已出现创新密集型企业和公共研究机构(PROs),且情况更为均衡,大学与其他利益相关方共同参与新型专业化进程。在这些区域,大学对当地经济的贡献超出了对学生的培养,因其能更容易地与企业建立合作活动。

3.3　三角之外:开放科学和开放创新

当地层面的高等教育机构,可在促进公民参与科学和创新活动方面发挥作用,因互动是通过邻近的方式促进的。此外,当地社区可能会更多地参与到研究影响特定地方的实际问题的解决方案中,例如他们居住的城市或地区。这些新的合作方式提出了如何设计政策的问题,以促进除传统大学—行业—

政府参与者之外更广泛的合作。最近的一些针对更高参与度的尝试，包括芬兰的"6个城市"项目(专栏3.8)或在城市层面建立"创新团队"，目的是以参与的方式寻求挑战的解决方案(专栏3.9)。

专栏 3.8

6个城市战略：芬兰的开放创新和公民参与

"6个城市战略"(2014年—2020年)是由芬兰的6个最大的城市实施的项目，这些城市分别是：赫尔辛基、埃斯波、万塔、坦佩雷、图尔库和奥卢。该项目制定了可持续城市发展战略，旨在创造知识、业务和就业机会。战略还强调服务创新和促进具有竞争力的企业就业生态系统。

该项目旨在以开放创新的精神将6个最大的城市作为创新发展和实验环境。功能型城市社区被视为由公民、公司、研发机构和政府机构组成的实体。开放的运行模式是基于创新的创建和测试，并旨在发展创新的采购方法。这些战略具有国家意义，因这6座城市的人口占芬兰总人口的三分之一，提供了该国大部分的经济活动和就业机会。

三个主要活动是战略的一部分：

(1) 开放创新平台用于在市场上创造和测试新的服务和产品。

(2) 共享城市层面的开放数据(如交通、建筑物)，以用于发展新的服务和业务以及商业。

(3) 开放式参与旨在邀请整个城市社区设计和共同发展服务创新和客户流程。

创新的方法强烈地融入城市和社会经济发展战略中，包括发展创新的采购方法，并在城市内提供更有效的服务结构。另外，所有城市共同开展为期3年的项目，这些项目为创新活动奠定了基础，并创造了合作模式使城市像社区一样运作。每年可通过独立资金支持来启动额外的试点和试验项目，以支持、测试和进一步发展三大活动的内容。芬兰创新机构 Tekes 已为公司制定了计划，以参与到"6 个城市"倡议中。因此，"6 个城市"是国家机构、6 个主要城市和当地参与者的共同努力目标。

资料来源：芬兰案例研究和 www.sixcities.fi。

专栏 3.9

城市创新团队

波士顿新城市机制市长办公室，旨在帮助政府解决面临的挑战。它由总部设在波士顿市政厅的一个小团队组成，该团队与城市创新者和公民企业家进行互动，试图找到解决政府面临的挑战的办法。办公室已开发了名为"Citizen Connect"的移动应用程序，提供给波士顿居民使用，用来报告影响城市的问题，如涂鸦或城市基础设施问题。每周报告约 300 例。美国其他城市已复制类似的应用程序。

首尔创新局的成立是为了鼓励公民和非营利性协会为城市寻找新的想法。该机构使用社交媒体工具来加强公民的参与，并帮助确定解决方案。该机构负责听取公民的意见，该机构联合市民投入产生的创新被城市公共交通服务所采纳，随后世界其他国家也采纳了该创新。

PS21 是由新加坡公共服务负责人在新加坡成立的创新团队，旨在让新加坡为 21 世纪的公共服务（PS）做好准备。PS21 与新加坡公务员局进行了密切合作：新加坡公务员局通过专门开发的移动应用程序，报告问题或提出改进服务的想法。PS21 的评估估计，超过一年的时间里，公务员提出了 50 多万条建议，其中约 60% 已实施，从而节省了 7 000 多万美元。

资料来源：NESTA(2014)，创新团队和实验室，实践指南，伦敦。

总结讨论

高等教育机构与公共研究机构是区域创新体系的中心角色，它们为当地和区域层面的教育、研究和创新活动的发展和传播奠定了基础。然而，即使区域创新政策的目标是高等教育机构，但重点却是这些机构基于科学创新的贡献，而这只是"知识三角"的一面（EC, 2011）。分析在当地层面促进"知识三角"动态的最新趋势凸显了以下政策信息：

- 通过与区域发展机构、商业部门以及越来越多地参与教育和开放科学与开放创新的公民这样的关键参与者进行互动，HEIs 主要参与区域和当地层面的"知识三角"倡议。私人非营利参与者也是一些当地"知识三角"互动的重要组成部分。

- 根据当地情况及其在全球科学和创新网络中的地位，HEIs 的作用和职能非常多样化。并不是所有的 HEIs 都在所有这些不同的任务中表现出色，有时会产生权衡：例如，一些研究团队更致力于建立国际研究伙伴关系，而另一些研究小组则致力于满足当地参与者的需求。

- 新的治理机制正在形成，以将 HEIs 融入当地情况。这一治理机制可采取不同的形式：从特设治理机构到区域层面 HEIs 的协调，以及区域政府机构和商业部门之间明确的区域创新战略。第二种形式正在欧洲地区形成，部分原因是欧盟对区域组织基金的新型专业化政策。

- 一些国家正根据当地情况对国家创新政策进行调整以及多样化（例如，促进城市与农村地区创新的国家政策）。鉴于当地"知识三角"（城市与农村、区域发展水平、当地企业吸收能力水平）的差异性很大，根据当地情况（HEIs 和当地创新生态系统）多样化或调整创新政策组合非常重要。

- 在创新密集型区域，当地政府和当地参与者正在推动超越更传统"知识三角"方法的举措,以鼓励新的创新参与形式,这些形式往往侧重于社会挑战并吸引非营利机构与初创企业和现有的商业公司参与。

参考文献

Ajmone Marsan, G. and K. Maguire (2011), Categorisation of OECD Regions Using Innovation-Related Variables, OECD Regional Development Working Papers, 2011/03, OECD Publishing. http://dx. doi. org/10. 1787/5kg8bf42qv7k-en.

Acs, Z. J. , Anselin, L. & Varga, A. (2002), Patents and Innovation Counts as Measures of Regional Production of New Knowledge, Research Policy 31, 1069 – 1085.

Agrawal, A. K. , D. Kapur and J. McHale (2008), How do Spatial and Social Proximity Influence Knowledge Flows? Evidence from Patent Data, *Journal of Urban Economics*, No. 64, pp.258 – 269.

Arbo P. , P. Benneworth (2007), Understanding the Regional Contribution of Higher Education Institutions: A Literature Review, OECD Education Working Papers, No. 9, OECD Publishing.

Arzaghi, M. , and J. V. Henderson (2008), Networking off Madison Avenue, *Review of Economic Studies*, No. 75, pp.1011 – 1038.

Benneworth P. S. , Conway C. , Charles D. , Humphrey L. and Younger P. (2009), Characterising Modes of University Engagement with Wider Society, a Literature Review and Survey of Best Practice. Final Report, Office of the Pro-Vice-chancellor (Engagement), Newcastle.

Bonaccorsi A. (2016) Addressing the Disenchantment. Universities and Regional Development. *Journal of Economic Policy Reform*, forthcoming.

Boschma R. , S. Iammarino (2009), Related Variety, Trade Linkages, and Regional Growth in Italy, Economic Geography, 85(3): 289 – 311.

Burchard, A. (2015). Dr. FH bald möglich. Der Tagesspiegel, 29 November 2015; available at http://www. tagesspiegel. de/wissen/promotion-dr-fh-bald-moeglich/12654494. html, last accessed 22 February 2016.

Buzard, K. and G. Carlino (2009), The Geography of Research and Development Activity in the U. S., *Federal Reserve Bank of Philadelphia Working Paper*, No. 09 – 16.

Carlino, G. A. , R. M. Hunt, J. K. Carr and T. E. Smith (2012), The Agglomeration of R&D Labs, *Federal Reserve Bank of Philadelphia Working Paper*, No. 12 – 22.

Duranton, G. and H. G. Overman (2008), Exploring the Detailed Location Patterns of U. K. Manufacturing Industries Using Microgeographic Data, *Journal of Regional Science*, Vol. 48, No. 1, pp.213 – 243.

Ejermo, O. (2009), Regional Innovation Measured by Patent Data — Does Quality Matter?

Industry and Innovation, Vol. 16, No. 2, pp.141 – 165.

Ellison, G. and E. L. Glaeser (1999), The Geographic Concentration of Industry: Does Natural Advantage Explain Agglomeration?", *American Economic Review*, Vol. 89, No. 2, pp.311 – 316.

Etzkowitz H., A. Webster, C. Gebhardt, B. R. Cantisano Terra (2000), "The Future of the University and the University of the Future: Evolution of Ivory Tower to Entrepreneurial Paradigm", Research Policy 29 (2000), 313 – 330.

European Commission (2011), Connecting Universities to Regional Growth: A Practical Guide.

European Commission (2016, forthcoming), Institutions and Smart Specialisation Strategies: Results from a Survey of the S3 Platform, JRC Technical Reports, S3 Policy Brief Series 18/16, and Luxembourg: Publications Office of the European Union.

Feldman, M. P. and Florida, R. (1994), The Geographic Sources of Innovation: Technological Infrastructure and Product Innovation in the United States, Annals of the Association of American Geographers 84(2), 210 – 229.

Fritsch, M. & Slavtchev, V. (2007). Universities and Innovation in Space, Industry and Innovation 14(2), 201 – 218.

Frenken K., F. Van Ooort and T. Verburg (2010), Related Variety, Unrelated Variety and Regional Economic Growth, Regional Studies, 1360 – 0591, Routledge.

Geuna A., and A. Muscio (2009), The Governance of University Knowledge Transfer: A Critical Review of the Literature, Published online: 18 March 2009 Springer Science + Business Media B. V. 2009.

Goddard J. and J. Puukka (2008), The Engagement of Higher Educational Institutions in Regional Development: An Overview of the Opportunities and Challenges, in OECD, Higher Education Management and Policy, Vol. 20, Issue 2: Higher Education and Regional Development, OECD Publishing.

Haerdle, B. (2015). Dr. FH, zum Ausgang bitte. Deutsche Universitätszeitung (duz), duzmagazin 03/15 of 20 February 2015, available at http://www.duz.de/duz-magazin/2015/03/dr-fh-zum-ausgang-bitte/300, last accessed 23 February 2016.

Jaffe, A. B., M. Trajtenberg and R. Henderson (1993), Geographic Knowledge Spillovers as Evidence by Patent Citations, *Quarterly Journal of Economics*, Vol. 108, No. 3, pp.577 – 598.

Kamp L. M., R. E. H. M. Smits and C. D. Andriesse (2004), Notions on Learning Applied to Wind Turbine Development in the Netherlands and Denmark, Energy Policy, 32: 14, 1625 – 1637.

Keller, W. (2002), Geographic Localization of International Technology Diffusion, *American Economic Review*, Vol. 92, No. 1, pp.120 – 142.

Kempton L., J. Goddard, J. Edwards, F. B. Hegyi and S. E. Pérez, (2013), Universities and Smart Specialisation, European Commission, JRC Scientific and Policy Reports, S3

Policy Brief Series, No. 3. 2013.

Kerr, W. R. and S. D. Kominers (2010), Agglomerative Forces and Cluster Shapes, *NBER Working Paper*, No. 16 639, National Bureau of Economic Research, Inc. Cambridge, MA.

Kroll H. , F. Dornbusch, E. Schnabl (2015), Universities' Regional Involvement in Germany: How Academics' Objectives and Opportunity Shape Choices of Activity, Regional Studies, Routledge London.

Kroll (2015), Efforts to Implement Smart Specialization in Practice-Leading Unlike Horses to the Water, European Planning Studies, Routledge London.

Lychagin, S. , J. Pinkse, M. E. Slade and J. Van Reenen (2010), Spillovers in Space: Does Geography Matter? *NBER Working Paper*, No. 16 188, National Bureau of Economic Research, Inc. Cambridge, MA.

Marshall A. (1890), Principles of Economics, London, Macmillan.

Modrego F. (2014), The Knowledge Triangle as a Policy Approach to Regional Innovation, Background paper on place-based innovation prepared for the OECD Secretariat.

Murata, Y. , R. Nakajima, R. Okamoto and R. Tamura (2011), Localized Knowledge Spillovers and Patent Citations: A Distance-based Approach, *Kier Discussion Paper Series*, Discussion Paper No. 763, Kyoto Institute of Economic Research.

NESTA (2014), Innovation Teams and Labs, A Practice Guide, London.

OECD (2007) Higher Education in Regions: Globally Competitive, Locally Engaged, http: // www. oecd. org/edu/imhe/39378517. pdf.

OECD (2008), Reviews of Regional Innovation, North of England, United Kingdom, OECD Publishing.

OECD (2011a), Regions and Innovation Policies, OECD Reviews of Regional Innovation, OECD Publishing.

OECD (2012), Reviews of Regional Innovation, Central and Southern Denmark, OECD Publishing.

OECD (2013a), Regions at a Glance 2013, OECD Publishing.

OECD(2013b), Commercialising Public Research: New Trends and Strategies, OECD Publishing.

OECD (2013c), Innovation-driven Growth in Regions: The Role of Smart Specialization, OECD Science, Technology and Industry Papers N 12, OECD Publishing.

OECD (2013d), Regions and Innovation: Collaborating Across Borders, OECD Publishing Paris.

OECD (2015a), The Innovation Imperative, Contributing to Productivity, Growth and Well-being, OECD Publishing.

OECD (2015b), All on Board, Making Inclusive Growth Happen, OECD Publishing.

OECD (2015c), Innovation Policies for Inclusive Growth, OECD Publishing.

OECD (2015d), Making Open Science a Reality, OECD Publishing.

OECD (2016)，Perspectives on Innovation and Inclusive Growth，DSTI/STP(2016)5.

Orlando，M. J. (2004)，Measuring Spillovers from Industrial R&D: On the Importance of Geographic and Technology Proximity，*RAND Journal of Economics*，Vol. 35，No. 4，pp.777 – 786.

Paci，R. and Usai，S. (1999)，Externalities，Knowledge Spillovers and the Spatial Distribution of Innovation"，Geojournal 49，381 – 390.

Ponds R，van Oort F. ，Frenken K. (2010)，Innovation，Spillovers and University-industry Collaboration: An Extended Knowledge Production Function Approach，Journal of Economic Geography 10: 231 – 255.

Rodríguez-Pose，A. and R. Crescenzi (2006)，R&D，Spillovers，Innovation Systems and the Genesis of Regional Growth in Europe，*Bruges European Economic Research Papers*，No. 5，College of Europe，Bruges，Belgium.

Rosenthal，S. S. and W. C. Strange (2005)，The Attenuation of Human Capital Spillovers: A Manhattan Skyline Approach，*Journal of Urban Economics*，Vol. 64，No. 2，pp.373 – 389.

Schubert T. and H. Kroll (2014)，Universities' Effects in Regional GDP and Unemployment: The Case of Germany，Papers in Regional Science.

Schnabl，E. (2014): Motive und Implikationen von Regionalisierung und Internationalisierung: die Rolle von Hochschulen im Innovationssystem. In: Koschatzky，K. /Dornbusch，F. /Hufnagl，M. /Kroll，H. /Schnabl，E. (2014): Regionale Aktivitäten von Hochschulen — Motive，Anreize und politische Steuerung. Stuttgart: Fraunhofer Verlag，pp.29 – 44.

Thompson，P. (2006)，Patent Citations and the Geography of Knowledge Spillovers: Evidence from Inventor — and Examiner-added Citations，*Review of Economics and Statistics*，No. 88，pp.383 – 388.

Veugelers R. and E. Del Rey (2014)，The Contribution of Universities to Innovation，(regional) Growth and Employment，European Experts Network on Economics of Education (EENEE)，Analytical Report No. 18，European Commission.

第❹章
知识三角案例研究的经验

4.1　引言

高等教育机构(HEIs)和公共研究机构/组织(PRIs/PROs)是创新体系的核心参与者。"知识三角"方针政策要求更多地将教育、研究和创新融入 HEIs 和 PROs,以增加其对当地和国家经济的贡献。但制度模式的多样性意味着它们对创新的贡献在国家内部和国家之间差异很大。

本章介绍了参加 CSTP/TIP 项目的国家采用一个公共模板进行的一系列国家案例研究的总结,以探索整合高等教育机构的研究、教育和创新活动的国家政策框架和制度层面的实践。因此,本章特别侧重于可提高研究、创新和教育对经济增长的集体贡献,以及将高等教育和公共研究机构融入区域和国家创新系统的政策或一系列政策和制度实践。

国家政策、预算压力、人口和全球竞争都给高等教育在区分自身和加强其对社会的参与度及对社会经济的影响方面带来了压力

在大多数经合组织国家,高等教育机构在国家、当地和全球层面及在社会参与度方面的压力都很大。此外,全球人才竞争和国家研究经费的上涨也给

机构在区分自身和发展其制度方面带来了压力,这些受到影响的机构不仅仅是国家部委,还有学生、教师和公司。在瑞典这样一些国家,大学职能的各个层面都有这种压力。在研究、教育和社会参与度方面,机构要保持和加强其卓越表现所面临的压力越来越大。这促使它们不得不去强大的"知识三角"中寻找其职能的组合方法(Benner 等人,2016)。在其他国家,如爱沙尼亚和捷克共和国,由于资金安排(即对竞争性研究经费或欧盟结构基金的依赖程度很大),(保持卓越表现)所带来的压力主要体现在机构的研究职能上。

> 尽管越来越多的人开始关注第三使命和知识三角活动,但政策界外的"知识三角"概念普及率很低

案例分析表明,虽然政府和高等教育机构认识到产业—科学这一关系的重要性,但"知识三角"一词在政策界外并未得到广泛使用。即使在德国,有些观察家认为第一个"三螺旋"机构是以 19 世纪的威廉皇家研究所(Fuller,2009)的形式出现的,但案例研究中调查的机构并没有明确提及"知识三角"。然而,德国有许多知识三角相关的发展,主要是在研究与创新之间(即传统的HEIs 的"第三使命")和研究与教育之间(在过去几年里,通过旨在提高教学质量得到强化)以及创新和教育之间(例如,通过商业参与新的学士和硕士研究计划的认证过程)(Daimer 和 Rothgang,2016)。在瑞典和挪威,"知识三角"概念在政府、机构和政治演讲中得到了很好的体现,也得到了机构的使用。在其他国家,如捷克共和国、日本或韩国,关于第三使命的演讲更多涉及技术转让和产业—科学这一关系。在爱沙尼亚,由于国家社会主义的经济史,大学与社会的接触是一个比较新的现象。

> *HEIs 的多样化、需求的多样化和"知识三角"的多样化方法*

另一个关键信息是,由于国家、地区和创新生态系统的 HEIs(即综合性大学、应用科学大学、技术大学或区域性大学)的多样性更广泛,国家可能不应追求单一模式。各国之间的制度特征各不相同。例如,挪威的案例研究表明,知识三角实践在科学领域间有很大的不同。健康科学有一个明确的职能,那就是为高质量的保健服务作出贡献,而知识三角实践是通过国家公立医院和医疗机构之间的互动体系融入专业医疗服务体系,并从上往下推动。

由于历史、经济和文化因素,可感知的社会作用和 HEIs 对创新的影响因国家而异。各国的政府监督水平差异很大,因此,机构的责任和自由决定其实践的水平也很不同。虽然研究和博士生培养是在 HEIs 中产生知识的常用方法,但正如几个案例研究所示的,很大一部分的 HEIs 没有进行重大研究或培养博士生。这些问题可能会因规模和地理位置而有所不同。较小的机构或低水平研发领域的机构与大型城市的大型机构相比,在与外部研究互动和创新方面面临着不同的挑战(OECD,2015)。

事实上,许多经合组织国家的政府对不同类型的机构设想了不同的国家和区域作用。例如在芬兰,人们认为大学具有更强的国家和国际作用,而理工学院则侧重于其区域作用(OECD,2007a)。在希腊和爱沙尼亚,人们赋予了应用科学大学区域性作用,这与综合性大学的国际作用不同。这并不意味着只有某些类型的 HEI 有助于某些职能。然而,高等教育制度的专门化和差异化将成为"知识三角"的一种形式。这也意味着在实施知识三角战略时,一些HEIs 的需求将会有所不同。例如,有些 HEIs 可能需要更多地专注于加强教育,以便与创新联系起来。

然而,国家和 HEIs 在整合研究、教育和创新政策方面面临着许多相同的挑战,而 HEI 生态系统的案例研究表明,需要注意某些政策领域和体制建立。

第一个领域涉及 STI 和高等教育政策在国家层面的治理影响。HEI 活动的治理很复杂且与环境相关。根据历史进程和政策变化,出现了不同的结构。第二个领域涉及不同资金来源和合同安排的作用,这可能会激发 HEI 改变或影响其行为。第三个领域涉及地方政策与 HEI 的全球—当地参与之间的联系。第四个领域涉及评估和影响评估标准在支持知识三角活动中所起的作用。

知识三角多层次的管理安排

在过去几十年间，高等院校一直是政府部门发起改革的对象。改革主要有四大特征性政策目标：首先，连续的改革确保 OECD 各成员国高等教育机构的自主权和问责制得到加强；其次，增加高等教育准入和质量的需求；第三，提升研究质量和卓越性；第四，通常为依次执行或独立于另外两个目标，即促进产业—科学关系。

在所有进行实例调查的国家中，基于项目资助、高校绩效合约和研究评估活动等管理机制都是常见手段，一方面提高 HEIs 的问责制，另一方面加强知识三角活动。但是，由于 HEIs 获得了自主权，协调和整合高校的多个任务则落在了各机构自己身上。

来自 OECD 各国绩效合约的经验之一是帮助 HEIs 提升战略规划，并将高等院校定位于全球研究和教育领域。但面临的难题仍然是如何正确地评估绩效，并使个人绩效对制度绩效负责。

资金、绩效指标和评价办法的多样性致使知识三角活动的实施和衡量变得困难重重。就来源（如国家、地区、国际的商业和慈善机构）及其性质（机构分类补贴、竞争性项目或基于行业合约）来说，HEIs 的资金来源也正在越来越多样化。这种多样性也体现在监测资金使用及效果的指标和衡量标准方面。

评价结果作为研究组织机构资金的分配依据。虽然竞争性的资金流通常会促进研究成果在社会上的传播，但应用的指标会根据出资人的项目或报告要求的不同而不同。然而在某些情况下，知识三角活动并不包含在评估标准内。因此,用于评价 HEIs 的指标都是预先确定的并且偏向于资金来源的目标/标准的。

在实例研究中,一些国家注意到管理的分散。在国家层面,教育、研究和创新政策的协调是非常重要的。在许多国家,通过部际委员会或战略性文件(如创新战略性文件)为联合政策行动设定方向,从而实现这种协调。但是该协调同样也越来越多地需要与地区政府和市政府间的联合。

资金结构

在经合组织国家之间及各国内部,资金结构也因高等教育机构的个体和公共地位的不同而有所不同。在通常情况下,教育经费和科研资金流是不同的。然而,不同任务的资金与规则的"孤岛模型"不便于机构内知识三角活动的整合任务。这对高校在不同的任务间调整职能和创建互动方面,提出了更高的期望(Benner 等人,2015)。这会产生一个双重的、在某些情况下分散的管理体系。机构的选择由内部管理结构确定(如校长层面、院系和教学单位),会在立法、质量保证和资金方面受到国家和地区政策的影响。

例如在图 4.1 奥地利的实例中,管控 HEIs 的主要手段是三年的绩效协议。知识三角活动是多方面的,覆盖高校的创业、课程的调整、三个区域性集群的设立和一个专题知识传播中心,此外还包括战略性目标、"主要机构倡议"(Leitinstitutionen－Initiative)。在"主要机构倡议"中提出了有关高校及其位置(区域)的战略互动的不同要求,以促进作为知识型引领机构的区域性 STI 战略的发展和实施。在知识三角背景下,"主要机构倡议"通过整体努力,将 HEI 作为在塑造区域创新生态系统方面的公认的合作伙伴,把重点从单一机构的规划转移到多种知识领域的发展。与其他国家一样,竞争性拨款用于指导和鼓励 HEIs 发展其不同的机构类型,为此奥地利有一系列的拨款手段用于加强高校与企业间的合作关系。

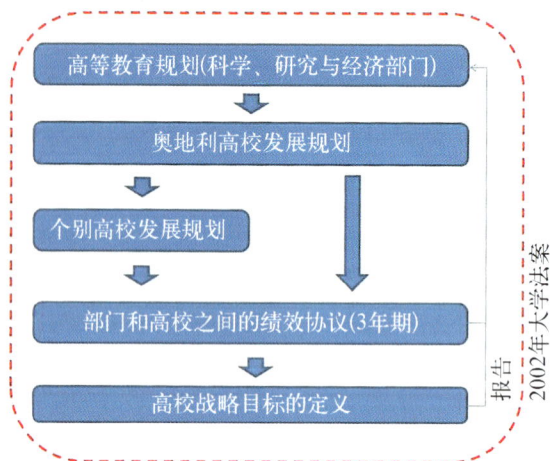

图 4.1　为高校规划和管理进行公开拨款：奥地利实例

资料来源：奥地利知识三角实例研究(Unger, M. Wagner-Schuster, D. and Polt, W., 2016)。

基于地方的 HEI 生态系统

在过去，无论是公共政策还是高等教育机构本身，都不会倾向于将战略重点聚焦于它们能对当地的发展作出的贡献(OECD，2007)。事实上，在许多国家，高等教育和科研经费政策在整体思维上都存在盲区。随着政策制定者认识到知识产出及应用的地理分布是构成全球化及经济活动本土化与增长及良好发展来源的关键因素，这种现状正逐渐改变。另一个引起改变的原因是创新政策扩大了其理论基础。区域创新政策的新举措使其向更广泛的逻辑方向扩展，纠正了一系列的区域创新生态系统的"系统失灵"，而不是仅仅着眼于市场失灵。系统失灵包括网络失灵、激励结构或委托代理的问题。由于高校的自主性、独立性和"创业性"日益增强，它们可以参与到地区和城市事务中来。支持集群及卓越中心的计划被频繁地使用，甚至区域层面高于国家层面。此外，地方政府在创新相关事项的公共开支中占有明显且不断增长的份额。在瑞典，SRAs、SIAs 和 CDI 的资助模式全属于新机制，机制旨在促进地区层面多方利益相关者的互动(OECD,2016)。

HEIs 在各区域中的作用还取决于各方的相对权力：在政府带动模式中，创业型高校响应政府的激励，帮助发展现有产业，创建新兴产业；在行业带动的模式中，高校会就具体问题或提供服务的机会，与各行业间进行合作(Lindqvist 等人,2012)。

尽管对于地方创新政策的兴趣在不断增长，但在 OECD 内的一些地区，高校和外部合作伙伴之间的合作有着悠久的历史，并受到区域产业和科学基础设施(如科学技术园区)以及集群与区域支持结构的支持，以培养创新能力。在其他国家，这种合作一直由(超)国家或地区层面政策推进，不断增加经费以促进研究、创新和知识的传播。

以地方创新为重点的实例研究主要突出了三个重要趋势：

(1) 新的管理结构让各种区域利益相关者参与进来。奥地利的实例表明了区域性高校会议在地区 HEIs 活动的联合规划中发挥的作用，例如各类课程和研究的调整，以及与企业部门间成果及战略合作的开发。此外，它们在公共部门制定和实施的区域性 STI 战略中发挥协调作用。荷兰的实例表明，虽然 HEIs 在高校委员会或者资金筹集方面吸引到越来越多的地方利益相关者，但其结果也很重要。经济发展机构无疑可以做更多来吸引 HEIs 参与其公共服务交付任务、城市规划或者"智慧城市"倡议。在荷兰高校生态系统的实例研究表明，区域委员会的资助和管理能力在区域各方指导创业生态系统的过程中发挥着有效的作用(E. Stam 等人,2016)。

(2) 开放式创新平台，可以成为一个结合不同知识基础和组织与外部合作伙伴进行与创新相关的互动的工具。在芬兰使用的平台方法，通过专注人本交互与开放性而区别于集群方式(Raunio 等人,2013)。从平台方法到协作的兴起是技术和产出数字化的延伸，推动了创新和产出活动中组织合作新模式的产生。开放式创新平台应该至少会在 3 个层面推动知识组合向创新型解决方案的发展：① 不同知识基础的组合，包括基于科学和经验的知识；② 编码知识和隐性知识的组合(如数字化平台和物理创新中心代表共同工作和共同创造空间的新模式);③ 公民和公共服务与业务发展和创新发展过程的组合,指的是向该区域民众和公共部门的知识基础的延伸。

(3) 创新网络的建立围绕由企业、科研机构、政府和其他组织(如欧盟的资助)公开支持的创新项目进行。

4.2 制度管理和领导力

HEI 生态系统的案例研究分析表明,采用知识三角方法需要现代化的管理方法和领导力,不仅体现在高校层面,更体现在更开阔的 HEI 生态系统层面(如职业/技术学院、PROs、集群、区域发展机构)。在一些案例研究中观察到的另一个障碍是:在机构招募和评价系统中,知识三角活动缺乏激励措施(Borlaug, Siri, B.等人,2016)。

4.3 个人行动与集体行动

从个人的角度来考虑知识三角的问题也是很重要的。在一些案例研究中出现的问题之一是:知识三角活动往往可以通过这些机构中个体的活动和激励机制来解释。正如在爱沙尼亚的案例中提到的,在许多案例里 HEIs 中科研、教育和创新的成功整合是在院系的倡议下进行的。这也是基于项目的资助制度的一项成果,因为高校层面战略基金的可用性受到限制。

第三使命和广泛参与

开展"第三使命"活动可以参考一些不同的做法,其本身可以被归类到那些研究(如技术商业化和知识转移)、教育(如终身学习/继续教育)和社会参与

（公开演讲、员工自愿工作等）中（EU，2012）。因此，"第三使命政策"涵盖从商业化结构到社会作用软性认可等一系列的政策。商业性指向活动，虽然在多数机构内受约束，但确实在一些国家为一些 HEIs 提供了重要的收入来源。例如，对一系列 HEIs 来讲，合约研究收入已经成为很重要的一项收入来源（OECD，2013a）。在德国，对于第三使命也有一个合法的明确承诺：1998年，高等教育框架法案将"知识和技术转移"定义为 HEIs 的第三项任务。一些国家有专门的创新资助计划，以鼓励"第三使命"，如中小型企业（SMEs）间的互动。事实上，在一些实例研究中，专项资金的缺乏成为广泛参与创新活动的一个障碍。

因此，第三使命政策部分体现了国家在将高等教育引导向社会聚焦和创新方面起了更积极的作用。一些国家和机构都对第三使命做出了明确的承诺。例如，瑞典早已认识到 HEIs 的"第三使命"，该职能是在 1992 年高等教育法案中正式认可的。在这方面，瑞典不同于大多数经合组织国家，在瑞典，第三使命通常是一种隐性的目标，而非明面上的或是政府政策的预期职能。然而，尽管受法律支持，第三使命还是面临着资金缺乏的窘境。在其他国家，有专门的创新资金鼓励知识交流的活动，如与中小型企业（SMEs）之间的互动。有些国家也做出努力，以衡量和记录各种协作和宣传活动。这样的政策也可以看作是对"创新悖论"及许多国家担忧的高质量的研究并未转化为创新绩效的一个响应（IPP，2015A）。第三使命的概念还强调了 HEIs 在更广泛的创新生态系统，以及 HEIs 与其他部门间双向互动中所起到的节点作用。

在第三使命和传统的教学与科研职能之间存在着潜在的权衡取舍。增加的商业化和有关财政自主的寻利态势可能对 HEI 的研究活动起到相悖的影响。例如，商业化推动有可能与 HEI 扩展非正式专业知识的意愿相悖。在 HEIs 中，知识转移活动的制度化还会阻碍其他形式的知识流动（Guena，2015）。教师能够从咨询活动中赢利也会导致应用于社区活动外延中的动机（和时间）减少。值得关注的另一点是，在教学和其他职能之间进行的取舍。

教学和科研往往是互补的，尽管有证据表明两者之间关系的性质因科学和教育的不同领域而异，然而，历来都认为相对于教学，科研回报的长期增长已经削弱了两者之间的关系。

在一些案例研究中，尤其是在一些综合性大学案例中明显表现出紧张趋势。

4.4 影响评价和评估

高校的作用和影响取决于一系列的外部因素。例如，公共研究机构或公开支持的中间机构会影响高等教育研究的效果，或 HEIs 寻找合作伙伴的能力。然而，在知识三角的分析过程中，对 HEIs 的对待必须认识到机构的多样性。显然，HEIs 不能被视为一个"黑匣子"，它们的组织方式、教学方式以及员工在体系外建立的关系都会影响到创新成果。利益相关者，如研究资助机构、政府部门及企业的标准也会影响评估和影响评价机制的设计与使用。在某些情况下，标准并不总是与高校职能一致，而在试图确保将结果反馈到国家政策和机构战略时，必须对这个因素加以考虑。

第二部分

案例分析及总结

奥地利：	基于地区维度的高等教育政策制定

概要：不同级别的奥地利高等院校在政策制定上存在差异。奥地利的案例集中研究了差异中的地区及管理机构方面的因素，包括绩效合约、吸引大学参与的新构架等。

作者：Maximilian Unger，Daniel Wagner-Schuster，Wolfgang Polt，Joanneum Research，奥地利。

资金：目前高等教育机构正在对资金分配过程进行调整，以更好地适应科研的需求，及其他竞争力因素的影响。

　　加强知识流通，尤其是学术研究与产业间的知识流通，可通过多种方式实现。在制度方面，可通过不同中长期项目的搭建来促进科研和产业间的联系。在许多案例中，学术界、产业界的合作方设立实验室、研究中心，并以独立法人的身份对其进行运营。其中较少出现因技术转让而出现资金问题的个人项目。奥地利也建有多个地区集群加速器以支持学术初创公司。

地区性政策：

　　奥地利联邦科学、研究和经济部与各大学之间签署了绩效协议，作为绩效协议的一部分，"牵头机构倡议"中的战略要求主要集中在以下几点：

- 在知识三角的架构及区域发展中，将大学定位为与利益共享者同等重要的合作伙伴（"将利益共享者转变为合作伙伴"）。
- 增强大学的国际知名度，使其成为在区域科研及产业合作中的知识枢纽。
- 从独立科研机构的发展转移到知识机构集群的发展上，使该大学成为本地区管理、基础设施、协同效应的中心。
- 将管理、教学、研究和创新活动上的协作质量作为区域性项目申请公共资金的依据。公共资金补助内容包括研究基础设施的采购和使用，合作核心设备设施的搭建，根据当地特殊需求对课程的协调，研究机构双聘教师，同一地区不同类型机构的相互渗透，以及管理活动等。

　　大学应根据倡议中的要求，发展战略性理念，执行相应的措施。大学应承担起作为知识型牵头机构的责任，为区域发展作出贡献，并在区域STI战略中起到促进发展和成型的作用。

　　在奥地利，对大部分拥有大学的地区而言，召开地区性高等教育会议是加强同一地区各所高校横向合作的关键举措之一。地区性高等教育会议的宗旨是满足公立大学、应用科学类院校（UAS）、师范类院校及某些地区的私立院校间的合作需求。国家层面上的大学会议（UNIKO）主要传达了一种来自高校的政治表达，在会上，高校应就社会或高等教育的相关问题达成一致。与此不同，地区性的高等教育会议则作为中心枢纽，起到统筹研究型、教育型项目的作用。

促进知识三角活动的主要措施：

- 奥地利技能中心项目（COMET）。
- 多普勒研究中心（CDG）。该项目旨在通过促进合作型研究、创新项目及人力资源的发展（如通过博士课程和就业迁移）来加强产业与科研间的联系。

- A＋B 中心项目（学术 Academia 加 Business 产业）。该项目与全国的 HEIs 合作，为学术衍生产品的创造、加速及扩大提供帮助。
- "知识转化中心及知识产权使用"（WTZ）项目于 2014 年启动，以支持高校的专利相关活动。

政策借鉴意义：

- "牵头机构倡议"为如何扩展高校活动多样性提供了范例。这些活动强调了高校在优秀资源网络中的作用，并在自主选题的领域内，与产业及科研中的战略性合作伙伴有着密切合作。
- 通过地区性高校会议达到的地区参与度是必不可少的。

- 竞争型资金调度工具预测知识三角原则将更倾向于针对中长期合作结构的发展，而非单一课题的发展。如奥地利技能中心项目及多普勒研究中心一类的项目及机构在培养高校与产业间的跨界应用人才上尤为重要。

加拿大：	加拿大及滑铁卢地区知识三角实践情况的案例研究

概要：该案例分析从高等教育机构（HEIs）的角度，尤其是国家级科学与创新高校的角度，检验了知识三角三要素之间的关系。加拿大的案例分析分为五部分。第一部分：知识三角为解读加拿大创新生态体系的特质提供了切入点和角度。第二部分：加拿大的HEIs及其特点，HEIs对知识三角三要素的贡献及三要素间的相互作用。第三部分：制度层面的政策有利于引导加拿大政府对知识三角相关科学、技术及创新的联邦投资。第四部分：资金的汇入、在知识三角三要素下产生的联邦项目、倡议等体现了加拿大政府对 HEIs 的支持。第五部分：滑铁卢地区案例研究——加拿大地区知识三角的应用。通过滑铁卢大学的案例，观察在滑铁卢地区大学的特质、项目和政策是如何促进创新的。

作者：Andrew Thistle，加拿大政府创新、科学与经济发展部科学与创新政策研究员。

创新生态体系：

由于传统原因，加拿大 HEIs 的教育、研究与创新三者间的联系与其他国家相比较为薄弱。加拿大政府（联邦、省政府及特区政府）倾向于将知识三角三要素视为三个分开的、独立的功能。但这三要素之间存在明显的重叠及相互作用。在加拿大，基层、地区/省、特区等不同级别存在不同的创新生态体系，不同体系中有不同要素（如经济结构、政治优先事项、经济情况等），这些不同要素影响了同一创新体系的交互和联系。因此，各级别政府应继续支持知识三角三要素的互联互通，以达到期待中的经济、科学、技术及创新目的。

加拿大 HEIs 的活动支持知识三角三要素的展开。目前，加拿大已有大约 100 所大学及 300 所专科院校（2/3 为公立学校），拥有超过 200 万名在读学生。这些 HEIs 为当地提供受过良好教育、技术熟练的劳动力，提供科研基础设施与专业技能，为社区、经济作出了巨大贡献。作为产业、政府和其他国家间的桥梁，HEIs 也肩负着巩固当地社区创新活动集群的责任。

联邦、省政府及特区政府并未明确使用知识三角这一概念，但通过其提倡创新的政策法案可侧面反映出政府对知识三角概念的支持。为支持创新，政府广泛采用了一系列的直接和间接手段（直接手段包括补助、出资、教育券、贷款及股权融资等，间接手段包括税收优惠减免等）。许多政府类的项目和倡议在设置上均有较大的灵活性，以满足来自加拿大不同经济基础的申请人的需求。

加拿大政府对科学、技术及创新的引导也受到了政策框架的影响。新联邦政府刚刚批复并承诺执行一个新的创新计划。在 2016 年 6 月 14 日，加拿大政府宣布了针对6 项关键领域的创新计划，包括：鼓励创业创新型社会，支持全球先进科研项目，搭建全球领先的集群及伙伴关系，发展公司并加快绿色增长，加大在数字世界的竞争力，以及降低经商难度。

鼓励知识三角活动的资金及管理问题：

加拿大教育、研究、创新三者间的关系与知识三角中所阐述的典型概念并不完全相同。联邦、省或特区政府(10 个省、3 个特区)均未颁布与知识三角直接相关的政策，但三要素间的互动和关联则体现在政策和项目当中。在加拿大，省及特区政府对教育拥有管辖责任。因此联邦政府不设教育部，没有自上而下的高等教育政策体系，也没有一个统一的国家教育体系。此外，加拿大 HEIs 在课程设置及学校管理上享有高度自治。

地区性政策：

在新联邦政府承诺执行新创新计划的当下，加拿大政府对科学、技术、创新的引导也同样受到广泛政策框架的影响。省、特区政府以其优先关注点及经济利益出发，以各自的方式对其地区内的创新生态系统予以支持。这项新创新计划将重点培养和构建世界领先的集群及合作伙伴关系。

接受调研/采访的 HEIs： 滑铁卢大学

政策借鉴意义：

- 加拿大 HEIs 面临的最大挑战是面向行业的知识转移，原因在于大学的衍生公司、初创公司的建立、许可过程冗长复杂。许多因素影响着加拿大 HEIs 科研和知识的商业化。这些因素包括每所大学的不同文化导向、大学的知识产权政策，及由中小企业构成的加拿大经济结构。

- 不同大学对知识产权政策有着非常不同的内容和管理。一些大学有校立的知识产权保护条例，所有教职员工、教师、学生使用学校设施而产生的发明创造，所有权均归学校所有。与此相反，一些大学将所有权全部给予创造者本人，由其本人对发明进行更富创造力的商业化。一些证据表明，更自由的知识产权政策更有利于激励教职员工、学生的创业精神，成立更多的初创公司。另一些证据表明，发明创造的本质、HEIs 技术转

- 由加拿大高校所产出的知识与科研结果有时并不与产业利益相一致。从 20 世纪 80 年代起，联邦与省政府均颁布了政策鼓励加拿大大学"产业化"及鼓励开展针对产业需求的研发活动。鉴于此，政府重新修改了部分保障资金的申请条件，要求高校在申请一些项目时与产业公司进行合作并获得相应投资。

- 当前大学内大部分的升职依据在于出版物，由此教职员工对完成应用科研或参与产业化活动兴趣缺失。另外，大学的知识产权政策可能会导致教员在规划时间方面无法兼顾教职、基础科研与应用科研活动的同时展开。

- 滑铁卢地区的案例分析从一个加拿大大学的角度为了解知识三角三要素间的关系提供了途径。滑铁卢地区的成功可以归功于一系列因素，包括一个多样化无

部门的总体质量和资源以及 HEIs 周边的产业合作伙伴都对知识的商业化起到了重要影响。但是 HEIs 之间,总体的商业化结果却是相似的,一般只有两种情况:一是由校方拥有知识产权,二是由研究者拥有知识产权。

- 不同大学通过大学内设的技术转让部门对知识产权实施的管理仍然千差万别。一些大学雇佣专人在校管理,一些使用外部的非营利性机构进行管理。不同的管理实践将对知识产权创造者的许可申请过程造成极大的困难,尤其当该过程涉及多所学校共同参与时。

- 大学的文化与滑铁卢地区的企业文化相一致。整个地区促成了有利于创新创业的环境。地区内有劳动力、产业信息、大专院校等关键资源和网络。

- 为了促进更好的创新对话,鼓励更多的创新活动,滑铁卢大学主办了年度滑铁卢创新峰会。上一届峰会在 2015 年 9 月 16—18 日由大学和一家领先的孵化器与加速器公司 Communitech 一同主办。峰会汇聚了优秀学者、商业精英、政策制定者等,共同分享实践经验,学习如何通过科技、方法和行业的不断发展来发展创新文化。

短板的工业经济(其中有许多跨国企业)、一个 HEIs 中心(两所高校和一所专科院校)、一个强大的金融服务部门、优质劳动力、联邦省市政府的支持及大量产业孵化器和加速器。

- 滑铁卢大学是大学产业化的优秀范例。大学设立在优异的地区创新生态环境中,鼓励其学生、教职员工通过多方渠道进行创新。该大学的合作教育项目帮助加强学生、教员、教授、校友及私营部门的正式及非正式沟通与交流。另外,大学校友、行业代表、教授和教职员工等也在积极参与,旨在加快大学研发产业化的项目,为初创企业提供服务和支持,包括顾问、资金帮助及技术咨询等。

- 产业化文化、知识产权政策及对创业者的支持是滑铁卢大学成功培养创新精神必不可少的要素,也就此让滑铁卢大学成了支持创新、与私营部门合作的领军人物。许多加拿大其他省份的政府和 HEIs 都在此寻求灵感来巩固加强它们的创新生态系统。通过合作教育项目,企业家精神在大学项目和实践中都得以提升。

捷克共和国：	高等教育生态系统与产研关系

概要：捷克的高等教育体系的特点是知识三角活动结构不发达，教育、科研、创新活动一体化程度低，与产业合作研发收入低。对科研和人力资源政策的评估表示其无法促进知识三角倡议的发展。考虑到捷克领土面积不大，高校的科研重点及其与产业的合作都具有跨地区的因素（如国内或跨国合作）。

作者： Vladislav Čadil 和 Miroslav Kostić，捷克共和国科技中心，布拉格。

资金：案例研究中的所选大学在经费方面主要依靠公共资源，只有一小部分来源于高校的产业活动。另一个资金上的特点是，在过去几年里，多数捷克 HEIs 均有较大部分的科研资金来源于欧盟结构基金。2014 年 TUL 有 33% 的科研资金来自欧盟结构基金，UPO 有 37%。欧盟结构基金对建设新科研基础设施及更新旧有设备意义重大。但新建大型基础设施的资金可持续性问题将成为今后研发政策的一大挑战。

地区性政策与 HEIs：

在捷克的立法与政策中均未对高校类型进行区分。所有高校均一视同仁，用一样的方法、通过同样的途径管理和筹集经费。高校相关部门（如科技咨询委员会、理事会等）中产业部门的参与度相对较低。仅在 UCT 的理事会中，有半数成员来自产业部门。

在联结教育、研究、创新这三要素方面，三所大学共同隶属于关键利益共享者（至少是当地的关键利益共享者）所有。两所大学位于布拉格外（UPO、TUL），代表了当地最主要的科研机构，同时这两所大学也是同当地政府在地区发展事务上合作最密切的高等教育机构，尤其是在地区政策的规划和设计上。

地区层面上的合作类别：
- 与当地政府在地区发展事务上的合作（起草和落实地区创新战略和规划）。
- 与当地科研机构和产业公司相互合作，开展科技园活动。
- 将大学的科研与教育导向与地区经济联系起来。

参与调研的高等教育机构：
- 传统型大学——帕拉茨基大学（PUO）。
- 技术性大学——布拉格化学科技大学（UCT）。
- 地区型大学——利贝雷茨技术学校（高度专业化的大学）（TUL）。

知识三角活动开展的阻碍/难题：

- HEI 的领导团队几乎都是学术背景出身，领导团队的弱管理背景将对在捷克高等教育行列中推广知识三角活动造成一定的困难。
- 在 UCT 甄选新任研究人员时，行业合作仅占部分考核指标。

政策借鉴意义：

- 总体而言，知识三角活动不那么制度化。
- 对参与调研的三所 HEIs 和其他捷克 HEIs 而言，对知识三角活动及倡议结果和影响的完整评估是较为困难的。
- 另一方面，HEIs 知识三角的发展也在渐进的过程中，目前捷克的一些 HEIs 的项目（如知识和技术转让的制度结构方面）进展有所加速。
- 高等教育领域将教育、研究与创新联系在一起的趋势正在受到大学各自不同起点状况、可能性或目的的影响。案例分析中的三所捷克大学则分别侧重于知识三角中的不同角度。不论如何，三要素的均衡发展将作为所有高校发展的目标，只有这样，才能达到它们的社会效益最大化。

爱沙尼亚：	以项目融资发展科研机构

作者：Kadri Ukrainski，塔尔图大学，爱沙尼亚。

概要：在投资环境问题上，爱沙尼亚地区的知识三角情况有所进步，项目经费（尤其是科研经费）已有较高占比，教育经费也在不断增长。高校的管理和领导部门已经逐步认清高校作为知识三角执行者的重要作用。但高校目前仍然处在平衡传统学术角色与新角色的阶段，并且在现有的内部政策和流程的过程中落实新角色方面有较大困难。有报告称，许多爱沙尼亚研发机构并未做好准备改变内部流程、思维方式和管理文化，或对此并没有积极性（Okk，2015）。另外，公司低但逐步上升的产能和少量公司的集中研发活动正是与知识三角的关系构建的背景密切相关。综上所述，知识三角框架正在进一步发展，但其速度较为缓慢。

资金：在爱沙尼亚的大学中，超过 90％的公立大学研究资金来自项目型竞争性投资，小型研发机构通常是全额拨款支持的。背后原因之一是科研系统（大约 60％）对欧盟结构基金的高度依赖。在知识三角架构下，可对案例高校的重点（优势）进行分析。

产—研关系：

爱沙尼亚的大学相对较小，其创造高质量知识迁移机制的能力和资源在资金和竞争力上都非常有限。合作是必需的，目前仅有 UT 和 TUT 之间有合作计划。对项目型科研和创新资金的高度依赖性（教育类资金的依赖性也在不断升高）也成为阻碍学校能力培养、知识三角构成及长期发展的因素之一。

参与调研的高等教育机构：

- 塔尔图大学(UT)是爱沙尼亚最大、历史最悠久的大学，也是唯一的综合性大学，建于 1632 年，目前设有各类传统科学（包括医学）学科。
- 塔林技术大学(TUT)是一所技术类院校，创立于 1920 年，近年来逐渐偏向于发展社会科学。
- 爱沙尼亚生命科学大学(EULS)是一所典型的地区性大学，创立于 1951 年，由 UT 分立出的三个农学系组成。EULS 目前仍然着重于研究农业经济、农业生活及与自然资源可持续利用相关的领域。68％的入学学生来自南爱沙尼亚，这也是该大学入选案例分析的原因之一。

政策借鉴意义:

- 对整合知识三角的各个方面并无系统性方案。
- 知识三角相关活动并非由教职员工和研究团队决定。
- 在实际操作中,知识三角活动较为碎片化。

- 其他案例中成功的知识三角整合并非依靠教职员工。
- 在项目型资金系统下,高校层面的战略资金申请较为困难。
- 在大学研究中,通常只侧重知识三角三要素中的两项(如研究—教学、研究—创新或教学—创新)。

芬兰：	以开放式创新平台为政策工具，促进知识三角中的共同创造及价值创造

作者：Mika Raunio，知识科技创新研究中心（TaSTI）社会科学与人文学系，坦佩雷大学；Petri Räsänen，坦佩雷地区议会；Mika Kautonen，（TaSTI）坦佩雷大学，芬兰。

概要：芬兰案例分析主要集中以开放式创新政策平台（OIPs）的作用来描述知识三角框架的构建和运营。在知识三角框架下，OIPs 或可作为 HEIs 与周边社会和经济相互作用所使用的合作模型，如完成"第三使命"。通过开放式创新平台，可以引导、组织创新过程。由少数几家大公司牵头，拥有半封闭式项目的科学公园、集群型政策正在往更灵敏、对创新更友好的方向发展，而开放式创新和平台模型正是这项新实践的重要因素。

更广泛的应用目标：

开放式创新平台提供了新一代的共同创作空间，以自下而上的过程促进了研究、教育、创新之间的交互。目前在坦佩雷地区开放式创新平台发展良好，进而促进了国家政策计划（国家六大城市战略）的进展。OIP 的价值定位不仅在于吸引更多的知识成分加入创新活动当中，还将城市定位为"活动实验室"，将 OIP 的用户推广至公司和其他客户。在未来，OIP 可以起到组织公共数据库、组织政府采购的作用，在此框架下使新产业应用及公共服务发展成为可能。

未来的难题和系统性的挑战可以简化为以下四点：① OIP 网络的出现；② OIP 创造"网络效应"的能力以及逐渐培养、号召公民参与；③ 公司、公共组织及初创公司开放式创新文化的培养；④ 采集公共部门的相关数据资料、公共采购程序等作为创新产业的新资源、公共服务更新的新方法。以上四点将在下文中继续讨论。对学习的投资已较少出现，但两个案例均表现出了政策学习的迹象。

政策借鉴意义：

- 积极推动 Demola 项目的并不是大学，而是地区发展机构（属于技术大学）以及产业。产业本身既推动了大学与产业的合作，又促进了民众参与的实施。
- 大学本身对推动民众参与缺乏动机。
- OIP 从 HEIs 出发，将逐步涉及更广阔的社会问题。
- 民众参与已经超越了业务导向的知识三角方法。为了促进 HEIs 在与社会合作中的活动，需要对 HEIs 有新的指标和绩效评估。
- 建立合作模型的压力主要来源于 HEIs 之外。
- 城市中的创新和经济活动逐步集聚，同时也带来了社会和城市问题。
- 因此，在举办创新活动时如何吸引更多用户和利益相关者参加这一问题非常关键且具有系统性，但确实已经超出了大学—产业—政府商业合作的范围。

德国：	德国的知识三角政策和实践

摘要：目前，德国并未广泛使用"知识三角"一词。虽然第三使命政策和科学产业间的联系日益密切，但 HEIs 和 PRIs 因机构的结构、文化和地理位置（区域背景）的不同，在应用上存在极大差别。在关于 HEIs 的研究中，知识三角概念并未明确在其活动的战略发展中发挥作用。然而，与知识三角有关的活动对于两者而言均十分重要。两个 HEIs 的主要活动和战略均处于知识三角的不同角度。海德堡大学的使命是注重优秀研究。大学一直以来的战略在国家卓越计划中取得了成功。各重要活动主要关注研究与教育以及研究与创新之间的关联。在战略重点领域（如医学），大学旨在整合研究与教学，实现高素质教学。如今大学与行业之间有着密切联系，其中一些通过长期活动和计划（例如，行业校园计划、联邦资助的研究园和两个由联邦资助的领先集群）实现制度化。

作者：Stephanie Daimer，Fraunhofer ISI，Michael Rothgang 和 Jochen Dehio，Rheinisch-Westfälisches Institut für Wirtschaftsforschung，德国。

资金：

1. 自 2007 年以来，政府研发支出大幅增加
   —— 科学系统的"新架构"（高科技战略；卓越计划）。
2. HEI 融资：联邦及 Länder 政府之间更密切的合作
   —— 2012 年，联邦研发支出的份额增加至 57%。
   —— 2014 年，宪法中的"合作禁令"放宽；联邦政府现在可更加持续地对 HEI 融资。
3. 基于项目的资助：转向优先领域
   —— 应对社会和全球挑战。
   —— 提高复杂程序（集群、网络开发）的重要性。

政策借鉴意义：

- 针对知识三角采用不同的方法部分由于普通大学与应用科学大学之间的差异造成。
- 在知识三角模型中，决定 HEIs 扮演重要角色的其他因素：
  (1) 创新体系的历史路径和结构。（该地区有哪些企业、其他 HEIs 或 PRIs？）
  (2) 促进 HEIs 及其区域发展路线的 Länder 政策和战略。
  (3) 相关 Länder 部门和 HEIs 的行动者的战略和观念。
  (4) 联邦层面的 HEI 政策（例如卓越计划）。

希腊：	希腊的知识三角

作者：Charalampos Chrysomallidis 博士、Nikolaos Karampekios 博士和 Tonia leromninon，国家文献中心，由希腊国家文献中心 Evi Sachini 指导。

摘要：最近的危机导致了希腊 HEIs（研究的主要执行者）机构资助减少，迫使 HEIs 将资助来源多元化，重新考虑其战略，同时更加重视开展"第三使命"活动。根据宪法，希腊的大学完全是公立的。关于 RDI 主要利益相关者之间的联系，由高等教育部门执行并由商业部门资助的研发份额是欧盟国家中最高之一。案例研究表明，高等教育机构与其他知识三角相关行动者的互动有所不同。具体而言，HEIs 与研究中心在共同关心的科学领域、学术人员和学生流动性等研究合作方面的关系最为密切。这些合作均受到地域参数的影响，主要是在阿提卡首都区之外的地区。此外，HEIs 的研究团队与国际学术界有着重要联系，部分是由于他们大力参与了欧盟研发项目。由于资金缺口，技术转移办公室等更为正规的产业　科学关系渠道缺乏制度化。此外，欧盟结构基金和智能专业化战略正在指导 HEIs 将优先事项转向第三使命以及融入商业部门。

资金及管理安排：

教育部确定招聘、工资、学生入学等运作事项。

在处理学术和管理问题（例如，结构）方面，可看到高等教育机构拥有一定程度的自主权，却高度依赖于部级机构的资助。而目前，后者的资助严重下降至先前的 45％以下，导致 HEIs 对寻求替代性、非机构和多样化资金来源的态度发生了重大变化。关于支持知识三角的机构倡议，《2007—2013 年 NSRF》资助了所有 HEIs 成立创新创业单位（IEU-MOKE），旨在整合研究、教育和创新（例如，通过研讨会、介绍和指导创业等措施）。

了解知识三角：

在此新背景下，HEIs 重新调整战略旨在扩大合作活动，一反过去专注于教育和研究的主导观念，提供了大量理论和一般知识。虽然由于一些 HEIs，或者更具体地说，一些学院可能比其他院校更"商业友好"或与商业部门联系更密切，且很难清晰界定，但主导性观念并未接受 HEIs 的"第三使命"或"知识三角"计划中提到的第三个纬度。

因此，能被大众所接受的是：应在研发合作、流动性、衍生性公司等方面，进一步缩小学术界与商界之间的不对称缺口。根据这一点，对"HEIs 的外部评估委员会经常突出强调促进商业和创业更加接近 HEIs 的需要"便不足为奇。

地方性层面：

HEIs 的区域植根性各不相同。首先，植根于社会结构的程度很重要（甚至是在非研发集中地区），例如，通过住房和基础设施等措施。此外，通常情况下，本地 HEIs 的国内学生入学率较高，而 HEIs 则关注地方当局通过规划和咨询服务要求展现出的本地社会挑战。此外，区域行动计划由区域机构负责按照本地 HEIs、研究中心等机构所要求的 NSRF 融资 RDI 相关投资框架进行运作。由于实施智能专业化战略，预计这种互动将有所增加。

调查机构：

- 克里特大学（UoC）：希腊最大的区域性大学之一，涵盖了人文社科、科技与医药等学科。UoC 同研究与技术基金会（FORTH，一家克里特公共研究中心）有着长期合作的传统，其在移动性和科学连接方面的经验学识十分深厚。目前，UoC 参与了克里特创新计划、科技园（STEP - C）孵化器计划，并与地方当局建立了强有力的联系。
- 塞萨洛尼基亚里士多德大学（AUTh）：希腊最大的大学，拥有多类学院（硬科学、人文、工程学等），这些 HEIs 的研发强度（总研发支出占总预算的百分比）范围在 25％至 40％之间。

- AUTh 正在阐述促进从知识转向创新的制度战略，除与区域当局建立强有力的联系之外，还参与了萨洛尼卡市为推动设立孵化器建立的创业发展。
- 雅典经济与商业大学（AUEB）：最古老的大学之一，拥有悠久的经济与商业领域专业历史，最近扩大了其科学领域专业（信息学、统计学）。
- AUEB 是自 21 世纪初以来，首个开设创业课程并实施"创新与创业"战略的希腊 HEI。其支持第三使命的主要工具是雅典创业与创新中心（ACEin）——大学孵化中心。

匈牙利：	知识三角为政策赋能

摘要：匈牙利的案例研究侧重于各种政策措施，以在各个层面加强知识三角。

作者：László Bacsa，技术和知识转移处处长；Brigitta Bodzay 博士，有机化学系研究员，研发 InfoPont 办公室主任，化学技术与生物技术学院院长办公室。

近年来，匈牙利通过了一系列国家战略，强调研发是提高竞争力、实现增长的关键驱动力和政策工具。这些战略受到欧盟创新政策的强烈驱动和启发（例如，为 2014 年—2020 年新计划期间采用的新 Horizon2020 和其他新政策），涵盖了广泛的研发问题。同时，它们也以多年度规划为基础，旨在改善资金资助的规划和可预测性。国家智能专业化战略(S3)引入了官方层面的区域创新政策，其重点关注当前或新兴区域研发强度，并对创新融资的软性措施进行测试，例如，商用前采购(PcP)与两项试点措施，以加强大学与行业之间的联系。国家 RDI 战略引入了超越科学和技术研究以及开发创新生态系统的研发重点，并得到了欧盟经济发展与创新运作计划（GINOP）的特别支持。

知识三角相关政策：

2013 年启动的"Start-up_13"计划旨在发展匈牙利的创业生态系统，特别是通过支持开发研发成果以及有潜力发展成为活跃国际企业的技术初创企业等措施予以实现。该计划分两阶段实施：① 认证托管技术初创企业的技术孵化器和加速器；② 基于孵化水平选择最具希望的技术初创企业，使它们进入国际市场并得到发展。

2014 年 11 月，发布了根据国家智能专业化战略开展的两项旨在促进大学与行业间互动的具体试点项目（"开放实验室"和"高等教育与行业合作中心"——FIEK 的建立）。另一项支持与地方政府和大学合作建立 8～10 个"知识园"的措施也在 2014 年 12 月通过。在 2014 年—2020 年计划期间，经济发展与创新 OP(GINOP)，特别是其第一优先事项，致力于通过建立和进一步发展企业孵化器，支持提高 SME 竞争力，预算为 3000 万欧元。此外，GINOP 也将积极推动工业园和科学园的进一步发展。值得一提的是，匈牙利知识产权局（HIPO）与几乎所有县郡的大学 TTO 和商会合作，支持 PATLIB 中心的运作，并为研究人员和地方 SME 提供 IP 咨询服务和 IP 培训。创业、教育和培训仅限于大学选修课程。

目前，有明确的政策侧重于在 2013 年成立并在 2014 年续存的 TT 和技术初创企业的发展，其通过由经济发展与创新 OP(GINOP)向 SMEs 的竞争力、企业孵化器、工业园和科学园提供资助进行支持。但是，要在研发系统中看到明显效果还为时尚早。

促进知识三角活动的关键措施：

- 布达佩斯跑道 2.0.2.0.——2013 年 11 月发布的创业信条,设想匈牙利首都作为中欧和东欧的创业中心,提出了四种建立竞争性创业与创新生态系统的措施:① 教育和培训;② 获得资金;③ 税收和监管;④ 有利环境。

- "科研、开发和创新"相关法律支持 RDI 驱动的企业竞争力和创造高附加值的就业机会,而新的高等教育战略包括促进 HEIs 与企业之间 RDI 合作活动的措施,以及根据商业部门的需求量身定制课程。

- 新的国家卓越计划(NKP)有助于使研究生涯更有吸引力。NKP 将由中央预算提供资金;2016 年,待分配到奖学金的金额为 13.2 亿匈牙利福林。

政策借鉴意义：

- 知识三角政策需反映一系列广泛的利益相关者和倡议。

- 需要均衡的 STI 政策方法。

- 匈牙利政策符合欧洲区域的政策计划,但因并非强调以区域为导向,因此对主流政策可能会造成影响。

爱尔兰：	战略对话和区域集群

摘要：爱尔兰高等教育部门在知识三角领域发挥着核心作用，通过提供技能、促进技术转移和成果转化，增强教育和研究的社会影响。案例研究涵盖了上述方面，并回顾了三个 HEIs 的国家政策和现行制度实践。

作者：Ruaidhri Neavyn，爱尔兰高等教育局，爱尔兰高等教育创新国家评论的一部分。

资金：

高等教育局的资助模式由三大板块组成：① 根据与学生人数及其学科领域相关情况分配给各 HEI 的年度经常补助；② 根据实现国家目标的基准绩效分配给 HEIs 的资金；③ 支持国家战略优先事项并可在竞争基础上分配给 HEIs 的针对性/战略性资助。作为政策传递的信号，2014 年分配给高等教育机构的 500 万欧元年度补助中，保留了部分资金，完成参与战略对话后才被划拨。这部分资助模式预计将占到年度资金资助的 10%。

HEIs 的 RDI 活动来自竞争性基金资助。资金将用于包括从事 RDI 活动的核心学术人员和团队其他人员的工资，以及与此类活动相关的一些经常费用。2011 年至 2012 年度的国家研究确定了研究资金的 14 个优先领域。这反映了对 STEM（科学、技术、工程和数学）的高度重视；除通过爱尔兰研究委员会提供的有限资金扶持的机会外，非 STEM 领域的研究人员也将在国外寻求资助。但向多个资助机构提出赞助申请势必会增加行政人员成本和额外的程序性费用，反而减少了对创新的投入。

国家重要政策：

国家高等教育的参与形式多种多样。它包括参与商业和行业、社区的公民生活、公共政策和实践、艺术、文化和体育生活，与社区和地区的其他教育提供者合作，及更多的国际参与。该战略进一步认识到许多社会、经济和公民挑战的多层面性质，这些挑战需要运用跨学科和多学科的方法，而且 HEIs 在领导、发展和应用这些挑战方面独一无二。

加强知识三角领域 HEIs 作用的核心角色是战略对话和与绩效紧密相关的协议。目的是使各相关高等教育机构的任务、战略和概况与国家优先事项保持一致，并达成可衡量制度绩效及可分配资金的客观战略指标。战略对话过程包含 HEA 管理人员（由独立的国内和国际专家支持）与各高等教育机构管理人员之间的年度会议，在此类会议期间，将详细讨论和评估提交目标的进展情况。

加强技能开发和再技能化的关键政策措施，其中包括提供失业自由学位课程来学习新技能并重返就业的"跳板计划"，以及 ICT 行动计划，实施转换和再技能化计划将使到 2018 年，学士和文凭毕业生数量及再培训项目的人数翻一番。在区域层面，教育和技能部最近推出的区域技能论坛，预计将提供可靠的劳动力市场信息和雇主需求分析，为更好地将教育和培训供应与各地区的技能需求相匹配，并增强未来及高等教育的进程。

这建立在区域集群计划的基础上,已在约 10 年前,作为 HEI - HEI 合作启动。目前,5 个地区集群(都柏林/伦斯特Ⅰ、都柏林/伦斯特Ⅱ、西/西北、香农联盟和南方)在学术规划和学生途径方面取得了重大进展。利用现有合作机制的区域集群能更好地应对实施重组和合理化措施的挑战,并以更快的速度推进发展。

知识转移推动了爱尔兰的成果转化速度,并通过构建知识转移系统最大限度地将国家资助的研究创新用于商业化;将 HEIs 所获得的知识产权转化为商业成果的国家议定书目前正在编制之中。爱尔兰企业技术转移加强计划为 HEIs 技术转移基础架构和针对性支持措施提供资金。目前,正在设计更具区域性和地方性的企业计划。

机构案例研究:

- 将研究转化为现实世界的应用,推动了**利默里克大学(UL)**约 13 000 名学生和 1 300 名工作人员的活动。因其创新性,UL 与跨国公司和地方公司在制药、农产品和软件方面合作的作用以及领导地位得到了广泛认可。UL 的新战略计划——拓宽视野——力求通过在员工和学生中建立创业与创新文化来巩固这些成就。UL 已开展了关于研究影响的案例研究,汇集了来自不同学院的研究人员,并与他们合作,以便了解影响是"什么"及"如何"衡量影响。它包括编写案例研究和梳理研究所带来的一系列影响,以及具体表现形式,例如,将研究结果转化为实用指南,并跟踪使用这些指南对政策设计和实施发展的实际影响。提供培训,并提供模板,以在制定研究活动时提高影响力意识和思考。

- **科克大学学院(UCC)**是一所以研究为主导的大学,其优势突出,成功地吸引了高素质的研究人员和多种资金来源。其五个研究领域均来自国家研究优先项目。为加强与地方 SME 的研究合作,研究与

- **利默里克理工学院(LIT)**是爱尔兰第四大理工学院,在利默里克半径 100 公里范围内的 5 个校区内共有 6 000 多名全日制和部分非全日制学生,以及 600 名工作人员。扩建主校区的计划正在进行中。结合地方和地区企业的应用研究是 LIT 的优势之一。LIT 拥有都柏林以外最大的艺术和设计学院,它是该市申请成为欧盟文化之都的主要合作伙伴。LIT 的教育和研究活动可设定为响应地方需求,其中一个示例是 LIT 为工程学生提供兼职 ICT 转换计划。LIT 目前经营着"一站式客户关系管理系统",以应对、追踪和提供学生服务。LIT 和 UL 是 2007 年创建的香农联盟的主要推动力,联盟涉及地方社区和企业、市县议会。香农联盟被认为是区域集群中最成功的案例之一。香农联盟的主席是一名退休的高级公务员,来自利默里克市的前外交官,与任何合伙 HEIs 均不存在联系,这有助于他在联盟中更好地做出决策。香农联盟的影响十分显著。例如,若没有该联盟,跨国公司北方信托公

司不会创新副主席定期组织地方企业活动,进一步了解并参与 UCC 研究,特别是 H2020 项目。社区—学术研究链接计划 CARL 是加强 UCC 研究转化为地方发展的重要计划。2010 年以来,产生并落实了相关重要研究成果,其中一些对国家公共政策具有一定程度的影响。CARL 研究人员与非营利志愿者和社区组织就一系列研究课题进行合作。选定的研究项目旨在实现实际应用。其中一个示例是孟乔森综合征患者的清单,可由家庭成员和护理人员用作第一诊断工具。作为研究协议的一部分,学生、社区合作伙伴和 UCC 学者同意将完成的研究报告在线发布。CARL 目前正在 4 所大学内部扩展活动。

选择在利默里克设立办事处,其中,该联盟能够快速响应员工培训计划的发展、提供办公空间等。这为利默里克带来了 400 个新职位。

政策借鉴意义:

- **协调负责高等教育、科研和创新的政策结构,扩大研究重点中的非 STEM 领域范围。** 在高等教育知识三角活动中,两个政府部门共同承担政策和资助责任可能导致的竞争政策,以及重叠的资助措施。为避免出现这种情况,可以考虑将资助由少数机构集中管理,并特设高层协调委员会,以防止缺口形成,特别是在非 STEM 研究或资助重复的领域。

- **支持爱尔兰 HEIs 与国外创业型 HEIs 建立合作和指导联系。** 在爱尔兰,个体 HEIs 或团体 HEIs 均应考虑将与创业与创新嵌入战略和实践之中的国外 HEIs 建立紧密合作和/或指导联系。公共政策有助于以系统的方式促进同伴间的相互学习,而非单一 HEIs 建立自己的联系。

- **加强区域集群。** 为实现区域集群的目标,需加强研究能力和水准,促进创业和创新,吸引并留住国内外人才。下一阶段的集群发展,重点应包括除 HEIs 以外的知识生产者,以及来自企业、产业和公民社会的知识使用者和转化者。创业与创新应被视为区域集群内的核心行动领域。应考虑从全职或兼职讲座岗位聘请经验丰富的人员,以加强 HEIs 创新和培养创业者的能力,避免"一刀切"模式,并确保相关 HEIs 接受。因此,给予全面的机构自主权和重视个体 HEIs 的贡献至关重要。建议在区域集群之间分享良好的实践做法。

| 意大利： | 促进大学的第三使命 |

摘要：近几十年来，由于 HEIs 推动创新、促进经济发展、创造就业机会，HEIs 的"第三使命"活动也受到政策制定者越来越多的关注。在意大利，综合大学对开展"第三使命"活动(通常由理工学院进行)所需承担的义务直到 20 世纪 90 年代末才在大学立法中正式提及。然而，来自大学的回应还是比较积极的。

作者：Daniela Baglieri 博士，墨西拿大学(意大利)战略管理教授、技术转移副校长、CETM - ANVUR 主席(第三使命—国家大学和研究评估局委员会专家)。

意大利大学开展"第三使命"活动的政策：

为提高对开展"第三使命"活动的认识，2001 年成立了协会"NetVal"(研究稳定物价的组织)，负责收集有关开展"第三使命"活动的数据，分析意大利技术转移以分享最佳做法，以及向技术转移办公室(TTO)提供指导。同时，NetVal 还积极培养大学行政人员和支持政策制定者。该协会目前包括 60 所意大利大学。因此，"这些活动尚未得到适当评估，尚未得到中央政府承认(资助)"并不令人惊讶。最近，2010 年成立的国家大学和研究评估局(ANVUR)(第 76/2010 号法令)将开展第三使命活动的情况纳入其评估对象中。通过评估开展第三使命活动，ANVUR 旨在突出强调大学在塑造创新生态系统方面的作用。此外，用于评估其对经济发展贡献的指标还包括收入和所创造的就业机会。ANVUR 强调相关性，促进大学之间的聚合，以创造集群效应、分享服务和吸引商业界团体。另一方面，值得注意的是，一些区域性 HEI 的聚合正在出现。最近的一个示例是 JoTTO 计划(联合技术转移办公室)，其目的是促进 IMT 卢卡学校、比萨高师和圣安娜学校的研究发展进程。

资金：

在意大利，研究和高等教育大多由公共部门提供资助。大学的主要公共资金来源是基于教育部、大学和研究部(MIUR)、FFO("Fondo di finanziamento ordinario")的拨款，其中包括人事工资(平均 80% 的 FFO)和基本运作成本。如今，越来越多的公共资金(目前为 20%)以绩效为基础。大多数研究资金来自其他公共(区域、跨国、国际)和/或私人来源。MIUR 和经济发展部(MISE)与各区域行政部门的公共资助也支持使用欧洲结构和投资基金(ESIF)的大学—产业合作，例如，通过促进创建国家技术集群。多个行动者可能引起协调问题。

地方性政策：

在意大利，促进知识三角的政策计划主要由 MIUR、MISE 和地区分别负责管理。缺乏协调一致的政策组合对知识三角活动的效率和效力造成了负面影响，在政策干预中产生重叠，趋向于分散化和不必要的重复。主要原因是：在中央层面，区域与 MISE 相互作用；而在地方层面，区域与 MIUR 支持的大学相互作用。政策措施从主要集中在供应方面（即研究设施、科学园、专利），向侧重于需求方面（例如，国家技术集群的机构和加强）转变，可能通过构建一个综合政策框架来促进意大利的知识三角活动从而解决这些问题。

国家高等教育和研究经费评估实践与知识三角国家实践之间的关系：

ANVUR 正在努力通过评估经济、社会和社会性成果，来了解意大利大学和公共研究机构在地理环境中的作用。第一次评估工作考虑了 2004 年--2010 年这一时段，除"常规"研究成果之外，ANVUR 还评估了学术专利和学术创业（即使这些活动对 FFO 的分配无影响）。第二次评估工作涵盖了 2011 年—2014 年这一时段，除常规研究评估外，还涉及研究开发和与公共物品生产有关的活动。前者包括指标：① 专利（披露、发明人、专利组合战略、许可证）；② 衍生性公司（收入、创造的就业数量、存在的战略、与实验室的合作、增长路径）；③ 向第三方提供服务（研究、教学等）；④ 知识中介（技术园、孵化器、技术转移办公室）。公共物品的生产包括以下方面的指标：① 文化遗产的生产和管理；② 临床试验、研究基础设施和医疗培训；③ 终身教育；④ 公众参与。ANVUR 执行的第三使命评估属于探索性评估，并为利益相关者提供关于大学知识三角活动和公共物品生产的定性和定量信息。相比于美国模式（许可和衍生性公司），这一广泛的第三使命框架顺应数字转型的需求，从而允许出现新现象（例如，科学众筹）。总体而言，ANVUR 打算更深入地了解大学部署的第三使命战略，以及实现各自目标所需的治理变革。未来几年，将通过由意大利主要数据管理基础设施（CINECA）管理的网络平台系统收集信息，以帮助大学输入所有必要的信息，以呈现表征第三使命的定性和定量层面。这些调查结果并不会立即影响部长级（MIUR）资金分配，而是支持大学更清晰地了解其所从事的各种活动。此外，系统和全面收集有关开展第三使命活动的信息将有助于揭示各学科与社会经济背景之间的差异。

日本：	京都大学的知识三角

摘要：在日本，日本创新体系的大部分业务研发重点在于 HEIs 在生产人力资本方面的作用，以满足高技术和中等技术出口的需求。

作者：Eiichi Yamaguchi 教授，日本京都大学人类生存能力先进综合研究院（GSAIS）；Kobayashi Yusuke，日本京都大学研究管理办公室研究管理员。

HEIs 调查：调查综合性大学——京都大学。

京都大学支持知识三角活动的计划实例：

- 人类生存能力先进综合研究院（GSAIS）是一所基于名为"高级研究学院"（SALS）的新型领导力研究院。2011 年 4 月，日本教育文化体育科技部（MEXT）选定 SALS 启动全面领导力培训计划。目标是将毕业生培养成愿意承担责任的全球领导者和企业家。本计划又称为"Shishu-Kan"，因为它是通过思考（Shi）和实践（Shu），创造知识和创业精神的领域（Kan）。实习、实地考察和基于项目的研究均属于其中重要的课程要求。同时，学生们还通过国际组织进行为期一年的海外实习。他们居住在寄宿制学院的校园，其通过促进学生跨学科间的互动提升了学习环境，且所有教授都可以现场提供必要的支持和指导。此外，符合条件的学生能够获得大学奖学金，以及为他们的研究活动提供资金支持。
- 成立于 2006 年 4 月的"管理研究生院"（GSM）不同于旨在教育高级专业人才的传统研究生计划。GSM 通过利用研究和大学教育获得的知识，致力于培育各个领域具有高度专业化和先进知识的商界领袖和企业家。
- 成立于 2007 年的社会-学术合作创新办事处（SACI），旨在为有兴趣与日本京都大学合作的企业提供一站式服务。SACI 提供京都大学在各个阶段开发的最新技术信息，不仅有诸如专利等研究成果，而且还有研究过程中的技术。SACI 支持诸如 TLO（技术授权组织）的外部组织帮助下的各种合作。创业支持计划促进了大学社区的创业教育，并有助于促使京都大学的发明家、创新者和企业家将有益于社会、日本经济和大学的创新想法进行成功的商业转化。此外，通过京都大学创业基金（KUVF）为企业家提供资金支持。KUVF 成立于 2007 年，其使命是为与京都大学相关的初创企业提供资助。

HEIs 安置政策：

京都创新带（KIB）由 15 个大学校区、11 个孵化机构和 13 个工业区（IZ）组成，遍布从北向南的 40 公里和从东向西的 12 公里，规模几乎可以与硅谷媲美。KIB 得到了京都市以及京都府的支持。京都大学一直是 KIB 的科学/技术知识以及智力型人力资源的主要来源。京都大学校园之一的桂校区包括桂创业广场——一个由京都大学、京都市和京都府，以及中小型企业（SME 支持）于 2004 年合作创立的孵化机构。

政策借鉴意义：

- 目前，政府已实施《1998 年 TLO 法案》，并根据产学合作政策成立高新技术创新中心（32 个中心）。根据产业竞争力提升法案，当风险投资公司或其他企业打算向以大学为基础的初创风险企业和其他实体（利用国立大学和其他机构创造的研究成果）提供管理咨询或资助服务时（支持利用指定研究成果的项目），可将有关该服务的公司计划书提交给教育部、文化部、体育部、科技部的部长，以及经济、贸易和工业部的部长，以便计划得到官方授权。利用指定研究成果的实体（授权作为初创风险企业的支持实体），有资格获得国立大学和其他机构的人力资源和技术支持。（应指出的是，当国立大学打算资助此类风险企业时，它们必须获得教育部、文化部、体育部、科学技术部的批准。）

- 一项实例表明，此类努力使得京都大学得到 813 项合作研究，并在 2009 财政年度期间获得 56 亿日元的资助。在 2014 财政年度，这一数字达到了 1 010 项，约 79 亿日元。也就是说，合同金额增加了约 40%。这些研究合作提高了企业的生产效率和大学的教育质量。以大学为导向的企业数量的增加将能够利用大学的特定研究提供社会价值。

- 上述政策和案例的结果表明，大学和产业集聚激活的知识交流会影响当地经济、教育和研究，并加速创新步伐。

韩国：	基于地区的创新政策以及高等教育机构的作用

摘要：尽管"知识三角"的概念并未在韩国得到广泛应用，但在韩国大学发现了多元化的与知识三角相关的实践，这由韩国政府促进产学研合作的政策所推动。

作者：Hyungjoo Kim，Kyung Mo Sung，Younghun Lim，Yoonsik Chae，韩国首尔科学技术政策研究所（STEPI）。

知识三角相关政策：

韩国政府强有力地推动创新政策，然而，直到 20 世纪 90 年代，大学才在产业创新中发挥关键作用。相反，政府研究机构（GRIs）通过应用研究成果开发产业创新所必需的技术，而大学在 20 世纪 90 年代初之前发挥的作用仅限于高等教育。韩国大学随着国民政府 20 世纪 90 年代研发资金的增加，开始着手进行研究活动。

自 20 世纪 90 年代以来，韩国政府已推动产学研合作政策，并支持高校通过其研究和教育，提高产业竞争力，促进国家发展。如今，已确立促进高校技术转移的政策和法律，且国民政府开始积极支持将研究成果转让到私人领域的项目。21 世纪初，已经确立产业教育的扩大和产学研合作促进法案，并确立将产学合作单位作为各大学中的独立法人之一。同时扩大产学研合作政策，以包括响应产业需求而作出的大学教育变化。近年来，创业精神教育得到很多韩国大学的重视，并得到政府的"创意经济"政策的支持。

地方性政策和 HEIs：

从传统层面上说，韩国大学的作用不包括区域层面。20 世纪 90 年代末，韩国政府开始推广均衡发展的区域政策。人口和产业创新主要集中在首都地区，而创新能力在全国其他地区还很罕见。大学相对均匀地分布在全国各地，且韩国政府支持大学在各地区（特别是欠发达地区）发挥知识创造的重要作用。然而，大学的区域参与程度仍然有限。

HEIs 研究：

- 韩国高等科学技术研究所（KAIST）是一家由科技部、信息通信技术部和未来规划部监管的专门类科学技术大学。
- 全北国立大学是一所坐落在一个工业化程度较低地区的全国综合性大学。
- 济州国立大学是一所位于韩国最大岛屿（"特别自治省"）的国立大学。

主要政策计划：

　　产学研合作(LINC)计划的领导者支持大学：① 改进大学教育体系，并决心通过大学产学研合作解决工作不匹配的难题；② 扩大大学-产业合作的范围，连同研究和教育一起作为大学的主要活动之一；③ 应对区域产业需求。教育部在 2014 年向 19 所大学提供 2012 亿韩元(152 508 584 欧元)资金资助。

政策借鉴意义：

- 由韩国政府推动的产学研合作政策带来的成果有限；然而，它们为韩国大学提供了意识到 HEIs 第三角色重要性的动力。

- 每所大学都具有使它们能够促进地区发展的特定条件。自下而上的领导和策略与自上而下的政策和准则同样重要。

荷兰：	知识三角的创业生态系统

作者：E. Stam，A. G. L. Romme，M. Rosso，Van den Toren，B.T，Van der Starr,乌德勒支、埃因霍温和柏奇顾问,荷兰

摘要：本案例分析围绕荷兰创业生态系统内研究、教育、创新三者的动态关系展开。知识三角的发展环境并不是真空的,而是由一系列相互依赖的参与者和因素构成的。这些参与者和因素如能以恰当的方式协调发展,就能为当地创业提供有利环境。本报告主要阐述了地区治理(如各行业网络和领导力)在知识三角和创业生态系统中的角色。

资金：荷兰的创新支持体系很大程度上仰赖于政府对研发和人力成本的税收优惠政策,并不能鼓励合作。在 2014 年,荷兰有超过 22 000 家公司利用了这些税收优惠政策(2015 年经济事务部数据),但这些税收优惠政策的数据不是公开数据,因此不纳入本案例分析中。此外,大部分公共研发激励政策都针对技术类项目。与欧洲框架计划广泛支持各学科项目不同,荷兰的激励政策与顶层行业政策挂钩,只支持主要由科技推动的产业部门。荷兰将近一半的创新项目都获得了欧洲公共资金投资,无论是绝对数量还是资金规模,都普遍向欧洲的各项计划倾斜。

地区性政策：

创业生态系统中知识三角所能发挥的成效与一个地区的文化、正式制度、实体基础设施、财政资源、可用人才资源等地区和历史因素高度相关。知识网络是创业生态系统中的互联渠道,而领导力则充当导向机制。知识网络和领导能力是创业活动和价值创造的两个关键系统条件,但其角色和影响不应与其他条件独立开来。

HEI 机构调研：
- 阿姆斯特丹、乌德勒支、智慧港和南荷兰地区均具有高于全国平均水平的知识网络结构,互相差距不大。
- 相较之下,特温特地区的知识网络特点较特殊(如密度和关联度更高)。
- 阿姆斯特丹的知识网络由大批 HEIs 所主导。在智慧港地区,占中心地位的是两个大型原始设备商和两所 HEIs。
- 阿姆斯特丹、智慧港和特温特地区一直在发展"三螺旋"的地区治理模式,其中包括促进主要利益相关方进行持续性对话。
- 但这三个地区的模式和能力一直有显著不同。由于三地创业生态的配置形式不同,其在经济增长、竞争力和就业方面所面临的挑战也不同。

政策借鉴意义：

- 各地一致认为目前当地经济发展的当务之急是制定地区聚合和协同发展战略。
- 各地促成协作的历史不同,已经形成了一种地区特定的自上而下的指导和自下而上的领导力之间的平衡。
- 三个案例分析表明,各地区由于受资助和组织形式的不同,在项目执行地点、时间、形式的选择能力上有着巨大的差异。

- 总体上看,创业生态系统的兴起和发展均有着高度特殊的历史、社会和地理背景。
- 基于此,对创业生态系统的塑造和治理没有单一的最佳解决方案,当地政府和其他代理机构应在其他地区谨慎复制"最佳实践"。

挪威：	政策和机构实践中的知识三角

概要：挪威有着强大的、以研究型创新和研究成果商业化为中心的政策，因此研究与创新之间有着紧密的联系。此外，创业教育一直是政府的一个工作重心。虽然上述领域非常重要，但政府政策开始越来越多地关注教育对创新的贡献以及高等教育机构研究与教育活动之间的相互联系。大部分 HEIs 都是国有的，虽然政府机构认为创新是政策重点，但政府对 HEIs 治理的重心还是放在研究和教育上，这制约了 HEIs 在教育、研究与创新的整合方面潜力的发挥。

作者：Borlaug, Siri, R., Aanstad, Siri 和 Solberg，挪威北欧创新、研究和教育研究院（NIFU）。

资金：在国家政府层面，所谓的"行业原则"指的是政府各部门对各自所管行业的研究和创新负责。这对部门间的横向协调带来了挑战。教育与研究部负责教育和研发政策的整体统筹，而贸易与渔业部负责创新政策的统筹。挪威研究理事会则负责所有学科和行业的研究，同时对创新型的产业研发和研究提供支持。此外，该理事会还有责任就研究政策、挪威研究创新体系参与者联络交流的促进对政府提出建议。这种独特的体制意味着科学创新联合与体制结构密不可分。与此同时，国家创新机构"挪威创新"负责通过一系列举措推动创新、创业和商业的发展，其中部分举措与研发相关。这意味着大部分项目资金支持是用于加强协作的，仅有少部分用于教育与创新的整合。负责高等教育的机构 NOKUT 的工作重心更倾向于项目的质量保证，而非资金支持。因此，在政策和机构层面，教育政策和研究与创新之间的联系仍欠发达。

　　总体上，挪威高等教育机构主要由教育与研究部通过公共统块式核给的方式进行资助。项目融资几乎覆盖所有高教教育活动，研发活动只占公共统块式核给资金的2/3，剩下 1/3 由外部资金（主要是 RCN）支持。另一个 HEIs 的资金特点是，直接产业融资仅占 HEIs 总研发支出的 4% ，相对较少。此外还有少数个人和研究基金对其进行资助。

机构案例分析观察发现：

- 挪威北极圈大学：综合性学术大学，担负地区使命，与各公共部门有着紧密的联系，地区产业小而分散，与公共部门和产业间的关系是新型附属关系。
- 挪威科技大学：科技大学，在负责创新的副校长的领导下，担负着国家工业和公共部门创新的使命；关于商业化、创业与产业的教育合作有着良好的生态系统，但各任务之间关系紧张；对产业合作和商业化的激励政策不足。

- 比斯克鲁德大学学院：地区性大学学院，担负地区使命，在加强教育、创新与研究上与产业和公共部门有紧密联系，聚合项目对知识三角的发展有重要作用，和产业间关系是新型附属关系。

政策借鉴意义：

- 各政策领域的管理基本独立，为 HEIs 对知识三角相关活动的整合带来困难。
- 良好的政策环境和产业相关部门为知识三角活动的整合提供了很多良好的机会。
- 长期资金支持对 HEIs 与公私部门的合作架构的搭建和制度化起着重要作用，同时也为其进行战略合作，协同推进教育、创新与研究三者的互动提供了可能性。
- 地区融资灵活，以应用与决策过程短为特点，为研究者与公私部门合作开拓创意从而开发更大的知识三角项目提供了机会。
- 新型附属关系和双重联盟关系可促进知识交流，有利于知识三角活动的开展。
- 可将创新与教育纳入晋升标准，利用学术职业体系鼓励知识三角的发展。

西班牙：	卓越农业食品大学——ceiA3

概要：为解决《2015 年大学发展战略》提出的西班牙大学体系的主要挑战和弱点，西班牙制定了顶尖大学计划，以促进大学与研究机构以及大学园区内企业之间的战略合作与联系，发展以大学为中心的知识聚落，令其能够作为具有国际优秀水平的地区性中心，为地区经济发展、社会凝聚力和就业作出贡献。顶尖大学计划的主要目标有：

- 通过战略聚合的推广，提高西班牙顶尖高校的国际知名度，从而推动其在质和量上取得关键性进步。
- 提升大学的多样性和专业性。
- 推动那些以知识作为经济发展基础的创新地区的发展。

评价标准包括对三个横向层面的评估，主要是对战略合作（聚合）及其国际化和专业化的质量和可持续性进行评估。项目由西班牙政府的多个部门进行支持，尤其是教育部和科学创新部，这两个部门共同致力于提高西班牙大学的服务、活动和倡议的质量。

作者：教育部 Luis Marfa Delgado Martinez，文化与体育部 Lola de/Toro Jordana，ceiA3 及经济与竞争力部 Fernando Merida Martin。

资金：顶尖大学计划围绕一种新的大学校园概念，引入了一种体制层面的创新资助形式，以支持新的合作形式，即大学与其他知识机构的全国性竞争。在 2009 年、2010 年和 2011 年，教育、文化和体育部设立的国际委员会通过 3 个子计划选出 32 个顶尖大学项目，并在 2012 年—2015 年期间对其项目进度进行监督和评估，计划由此初见成效。最近的研究甚至指出，西班牙大学在全球大学排名中有所提高。

政策借鉴意义：

- 顶尖大学计划为地区内的大学、其他知识机构（研究中心和科技园）、企业、地区行政机构和民间社团组织间的紧密合作创造了条件。

- 地区内教育、研究和创新的整合有利于催生在某一知识领域处于顶尖地位的社区，从而实现社区活动的专业化和国际化目标。

瑞典：	以质量与影响力为导向的知识三角——瑞典大学面临的挑战

概要：虽然瑞典目前尚无明确针对知识三角的政策,但知识三角仍是政府工作的一个重心和现行理念。瑞典大学格局和体系的很多特征和发展动态都将推动知识三角原则的实现。

作者：Sylvia Schwaag Serger(哈姆斯塔德大学、瑞典技术研究院),Eugenia Perez Vico(瑞典创新署、隆德大学),Emily Wise(隆德大学),Sienna Bankler-Jukes(瑞典皇家理工学院)及 Mats Benner(瑞典皇家理工学院、隆德大学)。

资金：支持知识三角的中央公共资金流各自分离独立,分化了三角的三项任务,削弱了对其的整合。此外,瑞典研究资助体系中机构数量众多,进一步加剧了其分化。资助体系针对研究团体甚至个人,削弱了大学的管理影响力和战略领导能力(Jacob,2015),其资源和手段也主要围绕针对自主性和决策力较强的研究团体或个人,而大学组织的战略行动和推动变革的能力相对局限,主要推动变革的是能产生效益的特定研究团体或学术科目的研发项目(Benner,2013)。因此,主要的领导权掌握在研究资助机构和研究团体手上。

产业—科学关系：

在 20 世纪七八十年代,有部分倡议和政策为产业与周边环境的互动创造了体制化条件,并为推动产业与学术机构的合作设立了办事处和公共融资项目。科技园等各种形式的中介和桥梁不断涌现,将学术机构与一般商业领域和科技型企业为中心的周边机构联系在了一起。1998 年,政府把大学的核心任务之一正式定为与周边机构开展合作。随后,专项政府资金不断涌入该领域,到 2013 年,支持大学开展合作的公共资金已超过了总额的 11%。有争议称大学与周边环境的合作缺乏系统性,且围绕某些个人、组织或团体,而个人关系和路径依赖则让这样的合作更加频繁。

机构案例观察结果：

- 隆德大学：知识三角各项工作之间关系紧张,同时中央机构和教学人员之间的关系也很紧张。
- 查尔莫斯大学：强大的管理传统展示了大学通过引入母体机构有目的地主导知

- 马尔摩大学：以教育和职业培训为重心,发展高度由教育驱动。因此,他们一直在寻找创新的方法寻求外部资金,通过与当地的产业、NGO 和国营部门合作等方式拓展自己的研究基地。马尔摩大学识三角的野心。然而,新机构的出现同时增加了复杂性,造成了很多紧张关系,如纵向的管理层与研究人员间的紧张关系,以及横向的不同的大学工作(即教育、研究和社会工作)间的紧张关系。此外,对知识三角解读、重视程度和利用方式的不同,也造成了关系的紧张。

将参与社会活动视为自己作为社会服务者的核心价值观之一,这一核心价值是其有别于其他历史更悠久、知名度更高的传统大学的原因。马尔摩大学是全国社会创新的中心之一,以其对民间活动的参与为傲。因此,教育与研究和创新的合作整合本来就是马尔摩大学 DNA 的重要组成部分,像知识三角这样的模型对教学人员而言也早已毫无新意。

政策借鉴经验:

- 知识三角(研究、教育与社会活动)的相关政策基本由"孤岛"(silos)管理。
- 导致的结果是大学组织的战略行动和推动变革的能力相对局限。
- 主要的领导权掌握在研究资助机构和研究团体手上。
- 专业大学包括科技、农业和医药大学,这些大学都与相关产业、部门、网络有着天然的长期联系。

- 很多高校已经为与产业和社会的合作制定了战略,这对其组织架构、招聘等其他政策带来了改变。然而,各大学制定的合作战略与其研究教育工作的运营模式之间的关系存在着普遍的差异。

俄罗斯联邦：	高等教育政策与知识三角

概要：俄罗斯案例分析集中于俄罗斯高等教育政策制定不同层面的 HEI 的发展维度，以及在让 HEI 参与区域层面时治理机制和新结构所起的作用。

作者：Dirk Meissner，Anastasiya Narkhov，高等经济学院，俄罗斯莫斯科。

资金来源：俄罗斯教育科研有两大资金来源：财政预算和非财政预算。财政预算资金主要投入在项目研究中。该计划于 2006 年公布实施，包含在国家优先项目"教育"内。第一阶段中，57 所大学将执行 2 年制的创新教育战略。政府投入资金总数大约 300 亿卢布，另外 57 所大学从非财政的渠道吸引了 80 亿卢布。2009 年—2014 年间，联邦大学（Federal Universities）收到了财政补助 350 亿卢布，获得商业伙伴合作款项 150 亿卢布，并且提供教育类服务。国立研究大学（National Research Universities）收到专项补助总额达 490 亿卢布，并有来自非财政渠道 200 亿卢布的款项。非财政预算资金的数额取决于大学本身的积极性。从 2007 年开始，所有联邦大学均接受募捐资金。

教育政策：

  2009 年，科学与教育部推出了一项发展国立研究大学网络的计划。目前经过 2009 年和 2010 年两轮竞争和选拔后，有 29 所大学加入。这 29 所大学获得了 2009 年到 2014 年间的 4 890 亿卢布财政经费的申请权，同时在设立创新发展战略、开展新学术项目、更新科研设备、增加学术流动性及提高教师成员满意度的方面可以获得 450 亿卢布的非财政资金投入。为了保证国立研究大学的良好态势，所有成员都必须通过基于方法论、量化及质化指标设立的年度效益评估机制，该评估机制由科学与教育部设立。同时，另一项建立联邦大学的平行政策（总统令 NQ 718 07.05.2008《关于联邦大学》）也在实施推广。联邦大学是地区大学兼容重组的产物。2 所以上不同类别的大学（传统综合类、技术工艺类、教育师范类等）在共同透明管理的前提下联合起来，将以科学教育中心的目的和名义获得额外的补助资金，更多国家的平台也将逐步对利益相关者开放以提供更高附加值的内容和产品。科学与教育部称联邦大学将在地区经济发展、创新活动中扮演重要驱动作用。这些倡议旨在提高大学教职员工在研发领域及学术创业方面的积极性，同时也为创新经济寻找合适的高质量人才。在 2012 年 5 月的总统令《贯彻实施教育和科学领域的国家政策》中设定了 2018 年的量化目标，大学 GERD 增幅达到 13.5%。联邦大学管理的主要特色是成立监事会作为对等公共管理机构。监事会有责任保障执行过程的透明，以及维护与地区经济特质相关的、地区代表或联邦当局、企业联合会、产业代表及高层学术专家所提出的政策意见的落实。

促进知识三角活动的举措：

- 政府令 NQ211 16.03.2013《支持领先俄罗斯大学在增强国际科学教育竞争力方面的措施》。
- 政府项目"2014 年—2020 年的科技发展计划"。

- 总统令第 599 号《在教育与科学领域落实国家政策的措施》No 718 07.05.2008。
- 俄罗斯的政策群。

政策经验：

- HEIs 在地区创新基础设施的影响正在通过创新生态系统的细化而逐步加强。大学间的互联网络、大学与地区产业间的商业创新合作发展都在进一步加强。
- HEI 拥有逐步发展和运用最先进的 HEI 管理模型的自由。

- HEIs 对地区 STI 发展的贡献是不可忽视的，主要来源于特定科技产业（如机械制造和半导体信息通信技术）的发展。集成使用中心、工程技术中心等一批机构设施的设立保证了合作研发活动的开展。联邦大学也在创新集群中起到重要作用，包括开设知识产权工作室、TTO、产业孵化器、创新能力培训中心等。

附录：知识三角案例研究的方法论

案例研究的结构

案例研究根据一个共同的模板分为两部分。第一部分包括对国家政策的概览，受访者被要求描述他们的研究和高等教育系统的特点（定性描述），这其中涉及关于知识三角项目的四个主题：资金和治理、基于地方的政策、评估以及影响评价。第二部分的案例研究模板被各国用于对多种形式的高等教育机构进行详细的案例研究：一所大型综合性大学、一所技术/科学大学以及一个具有独特区域概况的研究机构。第二部分调查了机构层面所采用的政策和策略，以促进知识三角活动和实践的发展。以下是机构案例研究的详细摘要。

经验材料

各国代表团按照共同的模板执行案例研究（附表）。虽然几个国家严格地遵照该模板，但有几个国家选择偏离模板，并特别关注高等教育机构在基于地方的政策和开放创新网络中产生的问题。

附表　关于知识三角的案例研究模板

第一部分：知识三角活动的国家政策框架	
问题1：研究、教育与创新互动的整体状态（即知识三角）	描述国家/地区层面支持高等教育的知识三角在高等教育中的发展的战略举措
问题2：高等教育部门在知识三角中的地位是什么？	描述知识三角在高等院校中的主要渠道、参与者和当前状况
问题3：研究和高等教育是如何资助的？	描述主要的研究和教育经费来源以及对知识三角相互作用的影响
问题4：在知识三角中基于地方政策的作用	描述对于HEIs的地方根植性以及它是如何在制度层面的政策战略、治理以及经费方面体现出来的
问题5：关于高等教育和研究经费评估活动的国家实践和知识三角之间的关系	描述用于评估研究和高等教育经费以及与知识三角的关系的标准、措施和指标的类型

资料来源：经合组织。

实施

代表们将案例研究分发给在研究和创新政策领域有高等院校专门知识的政策分析人员和学术研究人员。国家分析人员调研了关于研究和创新战略计划方面的国家政策文件和大量关于高等教育机构的文件。第二部分的案例研究模板，与高等院校的决策者（例如，校长、学院院长、研发中心和项目的领导）以及研究机构和合作伙伴进行了访谈。案例研究领导者还分析了项目、计划或机构层面的合作研究经费的定量数据。